孤独症儿童健康促进研究

——基于适应性体育活动设计

◎ 王岐富　陈　捷　著

◆ 湖南师范大学出版社

·长沙·

图书在版编目（CIP）数据

孤独症儿童健康促进研究：基于适应性体育活动设计／王岐富，陈捷
著. —长沙：湖南师范大学出版社，2024.5
ISBN 978 - 7 - 5648 - 5459 - 1

Ⅰ. ①孤…　Ⅱ. ①王…　②陈…　Ⅲ. ①小儿疾病—孤独症—康复训练—
研究　Ⅳ. ①R749. 940. 9

中国国家版本馆 CIP 数据核字（2024）第 108956 号

孤独症儿童健康促进研究：基于适应性体育活动设计

Guduzheng Ertong Jiankang Cujin Yanjiu：Jiyu Shiyingxing Tiyu Huodong Sheji

王岐富　陈　捷　著

◇出　版　人：吴真文
◇责任编辑：彭　慧
◇责任校对：谢兰梅
◇出版发行：湖南师范大学出版社
　　　　　　地址/长沙市岳麓区　邮编/410081
　　　　　　电话/0731 - 88873071　88873070　传真/0731 - 88872636
　　　　　　网址/https：//press. hunnu. edu. cn
◇经销：新华书店
◇印刷：湖南湘裕印刷有限公司
◇开本：710 mm × 1000 mm　1/16
◇印张：11. 5
◇字数：200 千字
◇版次：2024 年 5 月第 1 版
◇印次：2024 年 5 月第 1 次印刷
◇书号：ISBN 978 - 7 - 5648 - 5459 - 1
◇定价：59. 00 元

凡购本书，如有缺页、倒页、脱页，由本社发行部调换。

目 录

绪 论

第一节 研究背景

孤独症谱系障碍（Autism Spectrum Disorder，ASD）（以下简称孤独症）是儿童发育早期出现的一种神经发育性疾病，是一种复杂、普遍且多因素的神经发育障碍，对异常行为的观察构成了孤独症诊断的基础，其诊断标准侧重于社会交流和互动中的障碍，以及行为、兴趣或活动的限制性、重复性的行为模式。孤独症通常在儿童早期诊断中被认为是继发于早期大脑发育和神经重组的改变。其核心症状在儿童期发病较早，最早的行为特征在 12 个月便有所表现，但是一般在 3 岁时才会引起父母亲的注意，并持续存在整个生命周期内。流行病学数据显示，2010 年，全球约有 5200 万孤独症患者病例，相当于每 1000 人中有 7.6 人或每 132 人中便有 1 人患有孤独症。2020年 3 月 27 日，美国疾病控制与预防中心（CDC）发布了美国孤独症儿童普遍患病率的最新报告，报告指出孤独症患病率从 2014 年的 1/68 增长至目前的 1/54，且孤独症患病率在持续上升，引起了社会各界越来越多的关注和重视。同时，在考虑了方法上的差异后，世界范围内孤独症的发病率几乎没有区域差异。这也意味着孤独症谱系障碍已经从一种狭义的、罕见的儿童疾病发展为一种需要广为宣传和研究的终身疾病，且孤独症群体也不再是一个所谓的少数群体，而是需要广泛社会各界正视并关注的群体。其核心症状表现为社会交往和沟通障碍、兴趣范围狭窄、行为刻板或异常。除核心症状外，动作发展障碍亦是孤独症儿童常见的并发症。该障碍出现的概率为59%～80%①。其中，表现出精细动作发展障碍的孤独症儿童比例为36%～63%；患有大动作发展障碍的孤独症儿童比例为52%～64%。这些动作发展障碍可能会对孤独症儿童的社会性发展产生负面影响；且孤独症儿童动作发展障碍的发病率呈日增之势。研究表明，以基本动作技能为基础的运动干预对孤独症儿童基本动作技能和社会交往能力具有积极的影响②，但如何科学设计孤独症儿童的适应性体育活动，促进孤独症儿童社会性发展，是孤独症儿童体育干预亟须解决的问题之一。

针对孤独症儿童的干预方法，传统的行为疗法通常需要专门的治疗师，并在特定的环境下进行，这无疑增加了孤独症患者家庭和个人的负担。研究发现，孤独症儿童早期的体育活动参与和同龄正常发育儿童相比存在差异，孤独症儿童更喜欢花大量时间从事久坐行为，身体运动能力明显低于同龄儿童，但运动就像语言一样，是人们与环境进行交流，表达自我，实现生活的一种手段，并对儿童的社交技能和自尊等有着积极的影响。且与传统疗法相比，体育干预无疑会更便宜，并拥有更多功能。美国卫生与公众服务部（HHS）在"2020年健康人计划"也强调了儿童和青少年参与体育活动带来的健康益处，但目前的大多数证据表明，患有孤独症的儿童和青少年活动不够活跃，达不到疾病控制中心的身体活动指南要求。

同时，孤独症儿童个性化教育项目的干预过程还依赖于两个标准：一是临床判断；二是有影响儿童学习和生活技能的关键变量的扎实知识③。即孤独症儿童个性化教育方案在孤独症儿童的功能期望和认知方面还缺乏强有力

---

① MICHAEL D, SIVAN G, TAL P, et al. Late diagnosis of autism spectrum disorder-Journey, parents' concerns, and sex influences [J]. Autism research: Official journal of the international society for autism research, 2022 (2): 33 –41.

② EMILY B, MEGHANN L. Baseline behaviour moderates movement skill intervention outcomes among young children with autism spectrum disorder [J]. Autism: The international journal of research and practice, 2021 (7): 52 –61.

③ CASTRO S, PINTO A, SIMEONSSON R J. Content analysis of Portuguese individualized education programmes for young children with autism using the ICF-CY framework [J]. European early childhood education research journal, 2012 (1): 91 –104.

的工具与方法。因此，针对孤独症儿童的干预迫切需要开发综合工具，使卫生专业人员能够制订适当的服务计划，并实现促进功能独立和社会参与的最终目标。

第二节 孤独症儿童研究综述

一、孤独症儿童内涵研究

孤独症是一种复杂的神经发育障碍，与社交技能受损、缺乏沟通技能、重复性和限制性行为有关。目前有两种不同的分类被用来诊断孤独症，分别是世界卫生组织的国际疾病分类（ICD）和美国精神病学协会的精神疾病诊断和统计手册（DSM-V），这两本手册在到世界不同国家临床医生的欢迎，美国精神病学协会的精神疾病诊断和统计手册在全美受到青睐，而世界卫生组织的国际疾病分类则在部分欧洲国家得到宣传。根据《精神疾病诊断与统计手册》第五版，孤独症是一个异质性疾病的组合词，其特征不仅是社会沟通和社会互动中的持续障碍，还表现为行为、兴趣或活动的受限、重复模式，而这些症状也会引起患儿基本功能领域的严重损害。其中，孤独症儿童功能障碍主要集中在以下几个方面：第一方面，情绪调节障碍：情绪调节困难对孤独症儿童的社交造成很大困难，情绪调节作为幼儿期的一项重要发展任务，是指调节内在情感状态或动机状态的强度或持续时间以实现社会适应或个人目标的过程。情绪调节不足的后果非常严重，情绪失调的孩子在学校环境中更容易出现破坏性行为问题、人际交往不良和学业失败等。因为情绪调节能力的失调，一些孤独症儿童在经历消极或过度兴奋情绪时，会出现攻击性和自残行为等不适应行为，破坏性行为、多动与孤独症儿童的情绪调节问题有关。这些情绪和行为问题给孤独症儿童日常生活带来了巨大的挑战，如导致社会发展不良，抑郁以及焦虑症状产生，孤独症儿童的高养育压力以及家庭痛苦。第二方面，沟通行为障碍：沟通障碍被列为孤独症儿童的两大核心功能障碍之一。现有研究发现，孤独症儿童的口语习得几乎普遍延迟，在 3 岁之前，大约有一半的孤独症儿童还能形成一定的语言能力，无法与人进行有效的正常交流，说话迟缓，不听从指令。尽管有不少孤独症儿童进行了早期干预，但仍有三分之一的孤独症儿童在 5 岁时保持最低限度的语言能力。同时，口语沟通障碍对孤独症儿童的影响也是多方面的，如无法恰当地运用沟通提出要求或进行说明时，导致很多误会的出现，对其身心发展和社会性培养都会产生深远影响。第三方面，刻板行为：重复刻板行为是孤独症儿童的核心症状表现[①]，通常被定义为没有明显社会功能的重复和不变的行为，它严重影响孤独症儿童社会交往和社会技能的获取，容易引发情绪失控、自我伤害等一系列问题。与孤独症儿童的社会互动和沟通交流研究领域相比，刻板行为所受到的关注要少得多。其中，孤独症儿童最常见的刻板行为主要包括手的摇摆、点头或晃动手臂、突然奔跑、反复操纵物体和手指运动等。第四方面，快速视–动知觉缺陷：孤独症儿童在知觉环境中感知快速运动物体的能力有缺陷，国内目前较少有研究针对这一领域进行深入探讨。但 Bruno Grant 等[②]在研究中认为"减缓"孤独症儿童眼中的"世界"是一种新的感觉方法，是一种对儿童和成人的教育。第五方面，中心汇聚能力弱：中心汇聚能力弱是孤独症儿童的核心缺陷之一，在孤独症儿童群体中具有普遍性。当前，孤独症儿童将各个部分的信息整合成有意义整体的能力欠缺，缺乏共同注意行为、缺少自我意识、缺乏象征游戏，在与人交流过程中常常会忽视周边的人或事物。中心汇聚能力弱与儿童的语言、模仿、游戏及社会互动等能力关系密切，积极地对孤独症儿童的中心汇聚能力弱的问题进行干预对其生涯发展意义重大。第六方面，运动缺陷。《精神疾病诊断与统计手册》第五版将发展性运动或协调障碍作为独立的疾病进行了研究，

---

① 李天碧，胡艺箫，宋词，等. 孤独症谱系障碍重复刻板行为的测量与机制 [J]. 科学通报，2018（15）：1438–1451.

② GRANT B，TITUS A C，LONNIE Z，et al. Indigenous autism in Canada：A scoping review [J]. Journal of autism and developmental disorders，2023（22）：71–82.

这些疾病可能与孤独症儿童的核心困难有关。事实上，运动缺陷并未被列为《精神疾病诊断与统计手册》第五版孤独症儿童诊断标准的一部分，然而患有这些疾病的儿童往往表现出运动技能缺陷以及运动发育的差异。

二、孤独症儿童社会性发展障碍研究

国外研究大致可归于两条思路：一是从理论上研究孤独症儿童社会性发展障碍成因及特征。目前，孤独症儿童社会障碍的理论模型影响较大的主要有：第一，"心理理论"缺陷：认为患者缺少准确体察和推断他人心理状态的能力，因而无法做出符合社会规范的行为反应，进而影响社会交往的发展；第二，脑功能及神经发育异常：重点关注大脑及神经发育异常对孤独症儿童社会交往的影响；第三，快速视－动知觉缺陷：认为孤独症儿童在知觉环境中感知快速运动物体的能力有缺陷[1]；第四，中心汇聚能力弱：认为孤独症儿童将各个部分的信息整合到有意义整体的能力欠缺。对于孤独症儿童社会性特征研究，主要集中在社会认知、社会情感与社会行为三个领域。研究表明，孤独症儿童缺乏共同注意行为、缺少自我意识、缺乏象征游戏，有语言认知障碍、情感认知障碍。此外，孤独症儿童往往表现出一些与社会参与相悖的行为，如刻板动作、自伤行为或其他挑战性行为，影响其社会技能的发展[2]。二是孤独症儿童干预方案及循证实践。孤独症儿童早期干预的研究日益受到各国教育界的重视，出现了诸多的干预方案和课程，主要有三大流派：应用行为分析、结构化教育、人际关系发展干预。

---

① GRANT B, A C, LONNIE Z, et al. Indigenous autism in Canada: A scoping review [J]. Journal of autism and developmental disorders, 2023 (11): 45 – 52.

② CATHERINE L, RUJUTA B W. Digital phenotyping could help detect autism [J]. Nature medicine, 2023 (10): 29 – 38.

第三节　孤独症儿童的干预方法研究

目前，针对孤独症儿童核心症状还没有有效的治疗方式①。部分文献指出，通过进行适当的干预，可以成功地降低孤独症儿童相关继发症状的严重程度以及共病率，多数孤独症儿童在不同功能上也都得到了显著的改善。现阶段孤独症儿童的干预方法主要有应用行为分析、结构化教育和人际关系发展干预、丹佛模式、图片交换沟通系统、社交训练、感觉统合训练、儿童中心游戏治疗、音乐治疗和药物疗法等。其中，不同的干预方法对孤独症患者的促进作用不一。例如：游戏治疗被用来改善孤独症儿童的情绪发展，因为孤独症患者的社会交往受到他们情绪发展障碍的限制，而锻炼和其他体育活动被用来帮助孤独症患者更好地控制自己的身体，感觉统合训练则旨在帮助孤独症患者对感觉刺激做出正常反应。此外，孤独症患者会经历多种形式的行为和情绪障碍，这促使他们容易患上其他精神疾病，而这些疾病又可能需要药物治疗。在治疗这些个体时，药物治疗是整体治疗的一个组成部分。通常根据症状使用抗精神病药、阿片类拮抗剂、β-受体阻滞剂和兴奋剂。但这并不意味着现阶段已经拥有了治疗孤独症的特效药物。此外，尽管迫切需要一种令人满意的针对孤独症儿童的药物，但美国食品药品监督管理局（FDA）没有批准任何药物来治疗孤独症的核心症状，因为这一类治疗干预方法的目的并不是治愈孤独症本身，而是帮助孤独症儿童更好地发挥功能，因此在大多数情况下，多种治疗方式的结合是有益的。综上所述，孤独症儿童确切病因尚不明确，尽管一些研究人员强调，处理环境刺激的大脑区域存在功能障碍，同时也有研究认为体内化学物质分泌失衡是引发孤独症儿童的主要病因，但现阶段针对孤独症儿童核心症状还没有有效的特异性药物治

---

① 周秉睿，徐秀. 孤独症谱系障碍及其相关医学问题的药物治疗进展 [J]. 中国儿童保健杂志，2012 (4)：343－346.

疗。长期以来，人们发现 8 岁以下孤独症儿童在接受早期干预（包括临床医生的直接治疗和照顾者实施的部分）后，会表现出更好的沟通行为和社会交流结果。因此，在考虑到孤独症儿童群体的异质性后，为孤独症儿童制定干预方案需要通过个性化的教育项目和多样化的治疗方案来满足不同特点孤独症儿童的需求。

第四节　体育运动对孤独症儿童干预实践的综合类研究

一、体育运动对孤独症儿童社会性干预研究

学术界关于体育活动对孤独症儿童的干预有一定的研究，一是从孤独症儿童的社会功能特征出发，设计不同的干预模式，验证干预效果；二是运用社会性量表设计了孤独症儿童的体育干预。目前，对孤独症儿童的行为干预措施较多，主要包括康复训练和特殊教育，较少从动作发展的角度进行适应性体育活动干预设计，且有研究证实，适应体育运动干预可以改善孤独症儿童体质和社会性发展[①]，具体从以下几个方面概述：第一，情绪调节方面：体育锻炼对孤独症儿童情绪健康和行为问题有积极的影响[②]。Salgueiro 等认为：瑜伽和慢跑可以增强孤独症儿童的体力、注意力和自尊，在改善孤独症儿童情绪调节方面也有促进作用。第二，沟通行为方面：通过体育游戏的密集干预，孤独症儿童主动沟通行为次数显著增加，沟通技能有所提高，说明体育游戏可以促进孤独症儿童主动沟通行为的改善[③]。第三，刻板行为方

---

① BYME. Yield of brain MRI in children with autism spectrum disorder [J]. European journal of pediatrics, 2023（8）：182 – 193.

② ISHII R. MEG revealed new functional hub of atypical brain network in autism spectrum disorders [J]. Clinical Neurophysiology, 2018（9）：129 – 135.

③ 潘红玲、李艳翎，谭慧. 体育游戏对孤独症儿童沟通行为影响的个案研究 [J]. 武汉体育学院学报，2018（1）：95 – 100.

面：小篮球运动对于学龄前孤独症儿童的重复刻板行为具有一定的改善作用，主要是在刻板、自伤和限制三个方面[①]，还能促进孤独症儿童的认知功能和运动技能的提高[②]。

二、孤独症儿童动作发展障碍与社会性发展相关性研究

孤独症儿童动作发展障碍将带来以下具体影响：第一，孤独症儿童的动作协调和控制能力均存在不同程度的受损，主要表现为动作姿势控制障碍和动作协调困难；第二，孤独症儿童动作协调和控制的整合能力较差，以至于其不能很好地适应现实环境的需要，主要表现包括步态异常、书写困难等功能性动作障碍。而在孤独症儿童运动发展障碍与社会性发展相关研究有以下观点：大肌肉动作技能较低的儿童患孤独症的严重程度更高，大肌肉运动能力与日常生活能力显著相关，大肌肉动作技能水平以及精细动作技能水平与社交能力之间交互作用显著。且4~13岁的孤独症儿童的精细运动协调、粗大运动协调均与社会交往能力存在显著的弱相关性。3~5岁孤独症儿童的大肌肉运动总分、物体操控得分与社交技能中的发起联合注意、对联合注意做出响应、发起社交行为存在显著相关性，[③] 且在患有严重运动障碍的孤独症儿童中，有一种社交技能降低的趋势。除此之外，孤独症儿童的动作发展障碍和其社交缺陷以及孤独症症状的严重程度显著相关[④]。动作发展障碍不仅是孤独症患者癫痫或发育退化的结果，而且是其整体脑功能障碍的一部分。但孤独症儿童运动能力与其社会性发展间的关联尚未得出一致的结论。

---

① 董晓晓. 孤独症"行为与脑协同改善"运动干预模式的构建与验证研究 [D]. 扬州：扬州大学，2023.

② 朱瑜，许翀，万芹，等. 适应体育运动干预对孤独症谱系障碍儿童视觉工作记忆的影响 [J]. 中国体育科技，2017（3）：55-62.

③ HOOSHANG D, JALAL B, REZA A K. Communication skills among Persian children with autism spectrum disorders, attention deficit/hyperactivity disorder and learning disability [J]. Early child development and care, 2019, 191（13）.

④ RACHEL F. Improving pain - related communication in children with autism spectrum disorder and intellectual disability [J]. Paediatric and neonatal pain, 2022（1）：4-15.

第五节　研究目的与意义

一、研究目的

孤独症患儿在动作发展、社会性发展方面存在一定异常，并受到多因素的影响。国外研究较早发现运动干预能够改善孤独症儿童运动、社会性发展方面的障碍，对孤独症儿童运动能力与社会性发展间的关系进行了初步探讨，但未形成一致结论。国内研究起步较晚，研究内容主要集中在运动干预的效果方面，样本量普遍较小。孤独症儿童的精细动作及粗大动作技能较正常儿童均有所差异，而在了解了孤独症儿童的动作技能基本情况后，所开展的运动干预虽然取得了一定效果，但对影响孤独症儿童动作发展水平及其与社会性发展之间的关系文献较少。孤独症运动干预存在干预方式较为成人化、缺乏运动强度控制、效果跟踪研究较少等不足。基于儿童动作发展规律，结合体育功能，设计出的适合孤独症儿童的适应性体育运动干预方案，旨在探讨适应性体育课程促进孤独症儿童社会性发展的影响，从而建立更加科学的干预活动及更加可行的干预方案。

二、理论意义

第一，深化适应性体育理论研究。将适应性体育运用到孤独症儿童康复中有助于拓展适应性体育理论的核心概念，设计符合孤独症儿童社会性发展特点的运动干预方案，以期丰富和发展现有运动干预理论体系，为孤独症儿童适应性体育干预设计提供理论基础，为特殊学校、特殊教育机构、孤独症儿童家庭提供运动干预方面的理论借鉴，拓宽适应性体育理论的应用领域。第二，丰富适应性体育内涵。探讨孤独症儿童运动干预方案设计理论渊源，以实际案例分析孤独症儿童体育健康促进的干预手段与内涵，对适应性体育内涵研究具有一定的促进作用。将基本动作技能发展规律与孤独症儿童社会性发展进行结合研究，为孤独症儿童动作发展、社会性发展的研究提供一定的理论参考。第三，探讨基本动作技能与孤独症儿童社会性发展的相关性。探究运动改善孤独症儿童社会性发展的可能理论，为孤独症儿童社会性发展改善程度提供多学科的视角。

三、实践意义

第一，为有关部门提供决策参考。根据孤独症儿童的社会需求，结合适应性体育特征设计干预活动，对孤独症儿童健康促进进行综合评估、检验，以推动全方位、多层次、多渠道地提高孤独症儿童健康水平，为残联部门、民政局等管理部门在孤独症儿童健康促进方面的政策制定提供决策参考。第二，为孤独症儿童健康促进提供合适方案。运用多种量表，结合孤独症儿童的兴趣和能力设计个性化的运动干预方案，改善孤独症儿童健康水平，为孤独症儿童功能的改善和活动参与提供合适方案。第三，为孤独症儿童健康促进提供新工具。运用孤独症儿童适应性体育干预策略，为孤独症儿童临床康复制定新的干预方案，为评估孤独症儿童的健康水平提供新的工具。第四，减轻家庭负担，促进孤独症儿童社会融入。当前国内孤独症康复干预多以行为治疗为主，虽有一定效果，但也使得患者家庭背负上极大的经济负担。适应性体育干预相较而言具有费用低廉、实施便利的优点，通过本研究的实施，能够为孤独症适应性体育干预提供新范式，同时也为孤独症康复干预产业提供有价值的参考。

第一章
孤独症儿童体育干预方法研究

第一节　孤独症儿童体育干预原则

孤独症儿童一对一干预研究实验方案的制定要遵循以下七个原则：导向性原则、教育性原则、趣味性原则、针对性原则、启发性原则、安全性原则、渐进性原则。

一、导向性原则

导向性原则是指在对孤独症儿童的适应性体育干预活动中以解决孤独症儿童问题或功能状态为大致方向，在以分析工具为基础的情况下，从孤独症儿童的基本身体功能特点和心理特征规律等方面入手，设计适合孤独症儿童的适应性体育活动干预指导方案。其意义在于每个孤独症儿童所面临的心理需求和认知功能状态等方面存在显著差异，而依据分析等工具，能够最大化限度地促进孤独症儿童良好的自我身心发展，进而促进其整体功能的发展，从孤独症的自我需求导向出发，设计与之相匹配的适应性体育活动方案。

二、教育性原则

以适应性体育活动为辅助手段对孤独症儿童进行运动干预的同时，还应具有思想教育的价值。但当下特殊教育中运动干预多强调工具理性，关注于即时的受益度，遮蔽了体育运动锻炼的本质和内涵，缺乏对体育运动中育人价值的深刻反思①。因此，干预实施者应有意识、有目的地促进孤独症儿童身心的全面发展，贯彻落实课程思政，寓教育于适应性体育活动干预之中，让孤独症儿童在干预活动中，还能享受教育元素提高其社会适应能力的好处。

三、趣味性原则

趣味性是孤独症儿童适应性体育活动干预的本质特征，也是开展好孤独症儿童适应性体育活动干预的关键所在，要使孤独症儿童对适应性体育活动产生浓厚的兴趣，在动作组合、干预情景等方面要下功夫，干预活动内容和形式应新颖、有趣。如果适应性体育活动干预设计缺乏趣味性，将无法解决一些经常被孤独症儿童患者家属所提及的不愿参加体育锻炼的障碍缺陷。因此，需要将趣味性作为设计活动的首要目的，让孤独症儿童可以更好地融入干预活动，提高其参与活动的有效性，尽最大程度改善其运动能力，从而促进孤独症儿童身心健康发展。

四、针对性原则

由于孤独症儿童的身体功能和心理特征等方面存在个体差异性，在进行孤独症儿童适应性体育活动干预中则需要进行针对性设计。干预内容与干预手段需要符合研究对象的基本情况，使我们的实验具有较高可操作性，保证干预活动的正常实施。在此基础下，根据孤独症儿童的具体功能特征，分辨不同活动类别所带来的收益，有的放矢地制定康复内容。即对孤独症儿童进行适应性体育活动干预应当是一种有意识、有目的的教育活动，将娱乐性、挑战性与适应性体育方法相结合，设计出适合孤独症儿童特点的教学内容、教学方式及操作方式，特别是针对不同类别的孤独症儿童设计不同形式的组织活动或者小组活动，让整个活动更加有针对性。

---

① 贾宁. 论体育教学中的教育性原则之旁落与唤起 [J]. 中国教育学刊, 2021 (8)：72 – 76.

五、启发性原则

启发性原则是指在干预过程中干预者要充分发挥主导作用，最大限度地调动孤独症儿童学习的积极性和自觉性，激发孤独症儿童的思维能力和创造能力，促使其主动探求世界，从而增强其独立分析和解决问题的能力。在干预过程中，干预者应当特别注重贯彻启发性原则，分析影响孤独症儿童活动主动性和积极性发挥的各种因素，运用行之有效的方式，激发孤独症儿童的活动兴趣，给其创造施展聪明才智的机会和舞台，给予孤独症儿童更多的机会和平台去尝试不同项目，形成参与过程，提高孤独症儿童的主动思考能力。

六、安全性原则

安全性原则是对孤独症儿童进行适应性体育活动干预的首要原则。目前的大多数证据表明，患有孤独症的儿童和青少年肌肉力量和耐力远远达不到要求，运动技能不完善，加之自我安全保护意识和能力比较欠缺，如果在进行运动干预时不加以注意，则容易引起不必要的损伤。因此，运动内容的选择应根据患儿的功能发展选择合适的内容，注意设计的动作是否容易引起伤害事故，规则制定的严谨性以及活动场地等相关安全因素是否合理，在开展运动前务必保障场地安全、器材安全。

七、渐进性原则

渐进性原则是指在运动干预的过程设计中，应当严格按照孤独症儿童的生理和心理功能活动发展的一般规律，从不同孤独症儿童的主客观角度出发，科学合理、有效地设置干预运动的负荷，在坚持循序渐进原则的基础上逐步地进行提高孤独症儿童的干预运动和活动，即要求干预内容要由简到繁，干预运动方法要由浅到深，运动强度要由小到大。干预过程是孤独症儿童对内外环境的适应过程，复杂的干预内容、方法不仅会影响孤独症儿童的活动强度，也会降低其参与活动的兴趣。因此，渐进性对孤独症儿童的体育活动设计至关重要，只要稍微不注意，将会直接影响干预效果，让干预活动无法持续下去，甚至直接中断。

第二节 孤独症儿童体育干预研究常用方法

因孤独症儿童的特殊性，所以在选择研究方法方面，均有出入，本书主要采用以下四种方法开展具体的实操。

一、文献资料法

依托学校图书馆、湖南省图书馆等资料库查阅与孤独症儿童的相关资料，利用中国知网、百度文库等网络电子数据库检索"孤独症""适应性运动""运动干预""轮滑""情绪"等关键词。筛选与本书相关性较大的系列文献，对其进行整理，并认真细致地阅读、分析。尤其是对关于孤独症儿童适应性运动以及孤独症儿童情绪方面的资料进行剖析研究，以此来为本书提供坚实的理论基础。

二、观察法

孤独症儿童体育干预通常将观察法作为调查的辅助手段，弥补弊端。观察被试人在干预课程中被动调控、主动调控、不受干扰等方面的变化，以形成对本课题的认识及观察数据。

三、访谈法

以访谈提问的形式对与实验对象接触较多的直系亲属以及教师进行研究对象基本情况的调查。

通过访谈的形式在适应性体育活动干预过程中，以及日常活动中及时与研究儿童家长沟通，注意孤独症儿童身体状况，注重孤独症儿童情绪的变化，提高其对适应性体育活动的喜爱。同时对研究对象的生活状况、学习、身体素质、认知表达能力、情绪和兴趣爱好等各个方面情况进行深入的调查了解，及时调整干预方法，提高孤独症儿童的积极性与配合度。深入了解每名孤独症患儿的身体情况、孤独症程度以及相关发展障碍等方面的具体信息，为实验的实施做好充分的前期准备。

四、单一被试实验法

本实验采用 A－B－A 的实验设计。实验分为三个阶段：基线期、介入期、维持期。基线期对实验儿童进行调查，设计出符合研究对象的适应性运动干预的具体实施方案，然后呈交指导教师进行修改调整，保障实验的科学性。进入介入期，对研究对象进行每周 2 次，每次 90 分钟，共 3 个月 24 次课的适应性体育干预，并在实验期间记录研究对象的状况、状态的全过程。维持期后评估适应性体育运动干预对孤独症儿童健康的影响，并根据整体情况对实验课程进行调整。

第三节 孤独症儿童体育干预实验方案设计

一、研究假设

恰当的、适合孤独症儿童生理和心理特征的体育运动可以有效地改善孤独症儿童身体功能障碍和活动参与障碍。

二、实验对象

受试者的筛选纳入标准为：①经三甲医院诊断，持有孤独症鉴定证明；②年龄在 3～8 岁；③没有其他任何身体并发的症状，具备最基本的运动能力；④需要获得相关监护人及校方的知情同意；⑤保持最低的语言限度。

三、实验过程

在体育运动干预前，了解患儿的基本情况，包括性别、年龄、自闭程度等，并采用综合功能问卷对孤独症儿童的身体功能、活动参与和环境因素进行评估，再针对孤独症儿童的主要功能障碍以体育运动为载体设计针对性的干预方案，运动强度维持到中高强度（3.0～5.9 METs，RPE12～13 级，

64%～76%最大心率），干预结束后再次采用综合功能问卷对孤独症儿童的身体功能、活动参与和环境因素进行评估。

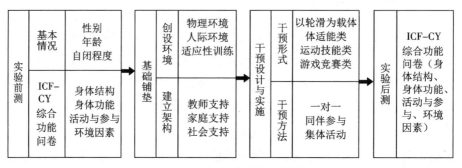

图1-1　适应性体育活动干预实施路径

四、实验干预

采取集体与个案混合式教学模式，凸显集体教学对孤独症儿童干预的优点与孤独症儿童个案的特殊性。采用情景式的教学方法，让患儿能够较好地融入集体活动。依据患儿的综合能力设计统一教学内容由主教进行实施，再依据个案的差异性由助理教练进行一对一的教学，提升患儿的综合能力，既有统一的教学目标又针对患儿设计不同的教学方法。采用应用行为分析法（A-B-A），让患儿在主教讲解教学内容时，调整自己情绪，让患儿能够适应集体教学，同时由助教在旁边对患儿进行一对一的调控，强化患儿的情绪调节。再依据教学内容，主教对患儿讲解，助教再依据患儿情况将教学内容进行分解，让患儿在掌握教学内容的同时调控自我情绪，改善患儿在适应性体育活动中的社会适应能力。

第四节　研究思路

本项目是一个跨学科的研究课题，在最显性的层面涉及体育学、生物医学、康复学、心理学、社会学等学科。在学科融合的前提下，首先，对孤独症儿童的社会问题进行分析，对健康促进、孤独症儿童、体育健康促进等范畴的内涵及特征予以阐释，解决"是什么"的问题。其次，对孤独症儿童健康的现实诉求进行分析，从体育本质出发，通过 ICF-CY 量表评估孤独症儿童的基本生活能力，再依据粗大动作技能发展测试第三版（TGMD-3）、国民体质监测项目、儿童适应行为评定量表等项目，对孤独症儿童的生存情况进行测评；结合 ICF-CY 量表为孤独症儿童设计适应性体育活动，找寻不同种类的孤独症儿童适应性体育健康促进的干预方式，设计实验方案，解决"为什么"的问题。第三，通过一对一、一对多、同伴参与、集体活动等多种手段对孤独症儿童的体育健康促进进行干预实验，解决"怎么办"的问题。最后，提出孤独症儿童体育干预策略，用于提升孤独症儿童健康水平。整个研究思路呈逻辑递进关系，如图 1-2。

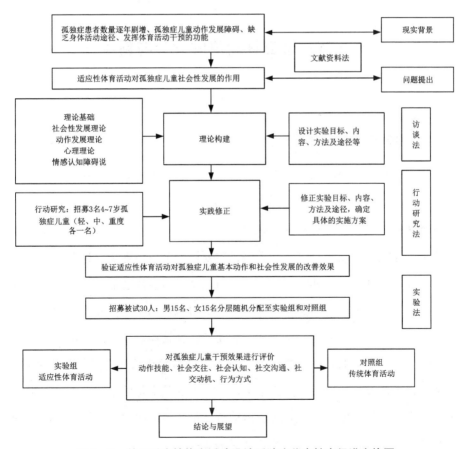

图 1-2　基于适应性体育活动设计孤独症儿童健康促进实施图

第二章
孤独症儿童社会适应能力实证研究
——以适应性轮滑为例

第一节 适应性轮滑的设计与创编

一、适应性轮滑设计

根据孤独症儿童的功能特点、症状表现、运动能力水平，在综合考虑孤独症儿童的运动能力以及感统方面的缺陷基础上，由从事轮滑专业的教师和从事特殊教育的教授牵头指导课题组进行轮滑运动干预方案设计。根据孤独症儿童参与轮滑运动的身体活动类型，主要可分为体适能类、运动技能类和游戏竞赛类三种类型。其中，体适能练习包括灵敏性体适能活动、肌力体适能活动和心肺耐力体适能活动。运动技能练习包括基本动作技能活动、粗大技能活动、精细技能活动、移动技能活动和转移技能活动。游戏竞赛类活动包括趣味游戏赛、综合滑行赛和呼吸游戏，可激发孤独症儿童的行为动机。授课过程中，教师根据孤独症儿童生理、心理和其实际活动能力等特点来确定相对应的动作难度、活动方式和运动负荷量，活动内容从易到难，由单一技术教学逐渐过渡到组合动作教学（见表 2-1）。

表 2 - 1　孤独症儿童的轮滑运动干预方案

活动类别	干预内容	活动强度
体适能类	灵敏性体适能活动： 全民轮舞：以轮滑技术为基础，结合音乐舞蹈。 肌力体适能活动： 原地蹲起：姿势呈站立状，双臂前平举，膝盖弯曲 90 度，屁股向后坐，上身挺直随着屁股向后，目视前方。 原地抬脚：在静蹲的基础上进行抬脚练习。 单足支撑：启动支撑腿的臀部肌肉稳定骨盆。 跳跃：跳跃落地的时候尽量将重心压低，同时注意上身的挺直。落地姿势尽量做到双腿弯曲前后着地，同时利用挺直的上身来保持平衡。 心肺耐力体适能活动： 走滑交替：先走后滑，交替进行。 直线滑行：两脚重心不断转移，上身保持静蹲姿势。	中高强度（3.0~5.9 MET，RPE12 ~ 13 级，64% ~ 76% 最大心率）
运动技能类	基本动作技能活动： 方位爬行：根据指定方向爬着向前行走。 轮滑摔跤（前摔、侧摔、后摔）：迅速降低重心，利用正确的姿势降低伤害。 踏步行进：在原地踏步的基础上，向前踏步前行。 原地错步：两脚一前一后错开，交错幅度范围根据个人身高体型决定，错开的间距一肩宽。 制动器刹停：双手扶住右腿膝盖，右腿前推，翘脚尖刹车。 粗大/精细技能活动： 侧蹬滑行：左右脚侧蹬连贯间断性滑行。 捡桩摆桩：按指定路线把桩捡起或按原路返回摆桩。 运桩接桩：运桩可摆头顶或肩膀；接桩可一人投掷一人接桩。 穿脱装备：依次穿戴护肘、护膝、头盔、轮滑鞋、护掌，脱掉的时候次序相反。 系鞋带：鞋带不宜系过紧，否则可能影响脚踝部分各关节正常活动。 移动/转移技能活动： 原地推步：站立基础上，双膝弯曲 90 度，双手背后，双脚交替向侧后方用力蹬出。	中高强度（个人能力的 50% ~80%）

（续表）

活动类别	干预内容	活动强度
游戏竞赛类	趣味游戏赛：以促进孤独症儿童体质为基本目标，以特有的内容和情节要求为活动特点而呈现的一种有组织的趣味现代体育活动。如：小火车、蚂蚁运粮、喊数抱团和老鹰抓小鸡等。 综合滑行赛：将不同轮滑技术活动组合进行比赛，增加情节性和规则性。 呼吸游戏：模仿吹气，如模仿吹气球、吹风车等日常随手可做的呼吸活动。	中高强度（3.0 ~ 5.9 MET，RPE12 ~ 13 级，64% ~ 76% 最大心率）

二、适应性轮滑运动创编

为让孤独症儿童能够较好地融入新的集体、提高干预效果，采用情景式的教学模式，依据孤独症儿童的综合能力设计统一教学内容，由主教练实施，再依据个案的差异性由助理教练采用不同的教学方式进行一对一辅助教学，设定不同难度的学习任务，采用双人或集体等多种学习形式，从而提升孤独症儿童的综合能力。对于学龄前儿童而言，个人（一对一）行为干预是最好测试的治疗方法之一，但是在特殊教育学校中难以实施。同时，除干预时间外，对照组孤独症儿童需保持正常的生活轨迹和学习方式，禁止参与其他运动项目或服用相关药物进行配合治疗。具体包括以下四个方面的内容：

（一）基础铺垫

为增加孤独症儿童对干预环境的熟悉度，让其了解轮滑运动，适应集体教学，提高孤独症儿童对适应性体育活动的兴趣和学习意向。据此，基础铺垫主要包含观看适应性体育活动视频、熟悉教学环境和体验适应性体育活动三个方面的内容。其中，观看适应性体育活动视频主要是便于技能的维持与泛化，增强示范的准确性，节约干预时间，提升干预效果；熟悉教学环境和体验适应性体育活动是为了提前与孤独症儿童建立感情联系，避免出现对适应性体育活动的抵触心理情绪。

（二）体适能类

以适应性体育活动为载体，设计符合孤独症儿童生理功能的体适能活动，为提高孤独症儿童运动技能水平打下基础，具体包含以下内容：①原地蹲起：让孤独症儿童先学会基本的适应性体育活动的蹲姿，在正确蹲姿动作的练习基础上再进行原地起立，速度一定不能太快，要求是每周 3 次，每次练习 2 组，每组 5 个。②原地抬脚：为了促进孤独症儿童适应半蹲状态下和穿着适应性体育活动装备的状况下所开展的一种原地运动，要求每周 3 次，每次 2 组，每组 30 秒。③走滑交替：遵循渐进性原则，不同孤独症儿童初期进行适应性体育活动干预时间、距离和次数会有所不同，通过走滑交替，可以有效控制孤独症儿童的运动量和运动强度，避免孤独症儿童因为运动量或运动强度过大而放弃适应性体育活动，在本书中，孤独症儿童走滑交替练习时间控制在 5 ~ 10 分钟。体适能活动强度为中高强度（3.0 ~ 5.9 MET，RPE12 ~ 13 级，64% ~ 76% 最大心率），每次时间需控制在 15 分钟及以上。

（三）运动技能类

运动技能类活动主要包括基本动作技能活动和粗大/精细技能活动。在本研究中，主要采用以下几个方面的练习活动内容：①方位爬行：能使全身各部位都参与活动，锻炼肌力，增强孤独症儿童平衡能力。②轮滑摔跤：孤独症儿童首先采用原地不穿轮滑鞋练习，然后采用慢速滑行摔倒练习，利用正确的姿势降低对身体的伤害，摔倒练习应循序渐进地从软质地面到硬质地面转移。轮滑摔跤一方面可以促使孤独症儿童克服对轮滑运动的恐惧心理，调节孤独症儿童情绪功能，养成坚强勇敢的优良品质；另一方面，可以加强孤独症儿童穿戴轮滑护具的意识，养成主动穿戴护具的习惯。③滑行转弯：在基础滑行的基础上进行转弯滑行练习，提醒孤独症儿童原地练习在转弯滑行过程中的重心适当移动，干预者也可借助障碍物进行练习，向左向右做不同程度的转向。④穿戴轮滑装备与系鞋带：是为了提高孤独症儿童的生活自理能力，将干预内容生活化。运动技能类活动强度为中高强度（个人能力的 50% ~ 80%），每次时间需控制在 20 分钟及以上。

（四）游戏竞赛类

游戏竞赛活动目的在于提高孤独症儿童的反应和体育活动能力，通过增加娱乐性活动内容，提高孤独症儿童的集体意识，发展团队归属感。由于不同孤独症儿童的功能状态存在差异，干预者在进行适应性体育活动创编的过程中需任务明确，针对性强，素材新颖多样。在本研究中，主要采用以下游戏活动：①蚂蚁运粮：将全班均等分组，在每组前方约 10 米处放置轮滑桩，共三种颜色，每种颜色 5 个杯子，由干预者发号口令，一次只能捡一个，同种颜色杯子捡完用时最少者胜利。②喊数抱团：孤独症儿童进行绕圈时候，干预者随机喊出不同的数字，所有孤独症儿童根据干预者喊出的数字迅速抱团，抱团时孤独症儿童不能分离或摔倒，需要紧紧抱在一团，摔倒或抱团人数多于或少于所喊数字均为游戏失败。③老鹰抓小鸡：将所有孤独症儿童组成一列纵队，选择其中一人或干预者为排头，即"母鸡"，另选一名孤独症儿童或干预者为"老鹰"，"老鹰"追排尾的小鸡，小鸡则需要不断躲闪。游戏竞赛类活动强度为中高强度（3.0 ~ 5.9 MET，RPE12 ~ 13 级，64% ~ 76% 最大心率），每次时间需控制在 10 分钟至 15 分钟。④呼吸游戏：呼吸游戏的训练可以提高孤独症儿童嘴巴闭合的力量、嘴巴圆起来的力量以及舌头回缩的力量，是语言治疗师进入高级训练阶段常用的方法。

表 2 - 2　孤独症儿童运动干预方案设计

	干预内容
基础铺垫	观看轮滑视频
	熟悉教学环境
	体验滑行感觉
体适能类	原地蹲起
	原地抬脚
	走滑交替
运动技能类	方位爬行
	轮滑摔跤
	滑行转弯
	穿戴轮滑装备
	系鞋带
游戏竞赛类	蚂蚁运粮
	喊数抱团
	老鹰抓小鸡
	呼吸游戏

三、适应性轮滑创编案例

练习内容选择轮滑基础动作、基础滑行、实用技术三大类，每个阶段之间难度递增，具体内容汇总如表 2 - 3。

表 2 - 3 适应性轮滑课程干预实验练习内容设计

课次	阶段	内容	情绪能力	预期目标
第 1 次课	第一阶段	观看轮滑视频	悲伤情绪、愤怒情绪、焦虑情绪、害怕情绪。	能够被视频及教师动作吸引，提供强化点。情绪随"剧情"的变化而变化。
第 2 次课		观看教师滑行，学生体验滑行感觉		
第 3 次课	第二阶段	穿脱轮滑鞋、轮滑护具	悲伤情绪、愤怒情绪、焦虑情绪、害怕情绪。	情绪反应从视频转入实际操作，在操作中用强制性手段干预。
第 4 次课		八字站立（地垫）		
第 5 次课	第三阶段	原地踏步（地垫）	悲伤情绪、愤怒情绪、焦虑情绪、害怕情绪。	在地垫练习中逐步适应运动的危险感，逐步降低情绪反应次数，进入小稳定。
第 6 次课		八字踏步行进（地垫）		
第 7 次课		平行站立、蹲起（地垫）		
第 8 次课		八字站立、平行站立		
第 9 次课	第四阶段	左右横向迈步	悲伤情绪、愤怒情绪、焦虑情绪、害怕情绪。	在阶段过渡时，以滑行的刺激感和趣味性使孤独症儿童转换情绪。每次课情绪反应次数总体降低 5 ~ 6 次。
第 10 次课		高抬腿		
第 11 次课		单脚支撑		
第 12 次课		原地前后滑动		
第 13 次课		平行踏步行进		
第 14 次课		起立		

（续表）

课次	阶段	内容	情绪能力	预期目标
第15次课	第五阶段	向前摔跤	悲伤情绪、愤怒情绪、焦虑情绪、害怕情绪。	加大内容难度，刺激孤独症儿童情绪的产生，情绪产生一定程度的小幅度波动，孤独症儿童能在运动时逐步地自行调整。
第16次课		走步双滑		
第17次课		向侧摔跤		
第18次课		制动器刹停		
第19次课		低姿态惯性转弯		
第20次课	第六阶段	直线滑行	悲伤情绪、愤怒情绪、焦虑情绪、害怕情绪。	增加适应性手段及娱乐性内容，强化孤独症儿童情绪的稳定。
第21次课		火车滑行		
第22次课		障碍滑行		

第二节　孤独症儿童情绪调节能力的实验研究

情绪调节是指调节内在情感状态或动机状态的强度或持续时间以实现社会适应或个人目标的过程，是幼儿期的一项重要发展任务。情绪调节困难是孤独症儿童的一个严重问题。因为情绪调节能力的失调，孤独症儿童在经历消极或过度兴奋情绪时，会出现攻击性和自残行为，以及破坏性行为和多动。这些情绪和行为问题给孤独症儿童日常生活带来了巨大的挑战，如导致社会发展不良、人际交往不良、学业失败、抑郁以及焦虑，孤独症儿童的高养育压力以及家庭痛苦。因此，对孤独症儿童情绪识别能力的干预刻不容缓。

国内外针对孤独症儿童情绪调节的干预主要有两种类型：认知－行为疗法和体育行为干预。研究表明：体育锻炼对孤独症儿童的情绪健康和行为问题有积极的影响①。如，Ishii R 研究发现经常参加锻炼与自我效能的提高以及情绪和行为问题的减少有着密切的联系，特别是在改善孤独症儿童情绪调节方面。提出体育锻炼可能是改善孤独症儿童社会行为功能的有效干预措施之一。

然而，以往的研究都没有直接检验体育锻炼对孤独症儿童情绪功能的影响。本试验性研究的目的是检验体育锻炼干预（适应性轮滑）对孤独症儿童情绪调节能力的影响。使用适应性轮滑干预是因为轮滑属于可控制的一项运动，有助于提高孤独症儿童的感觉统合能力。鉴于现有证据表明体育锻炼对孤独症儿童的情绪和行为有益，可以假设适应性轮滑干预会积极影响孤独症儿童的情绪调节。为此，本书第一组目标是通过观察课堂中孤独症儿童的悲伤、愤怒、焦虑、害怕等情绪表现，深入研究适应性轮滑课程设计；第二组目标是通过检验课程效果与孤独症儿童情绪调节之间的关联性，观察孤独症儿童在适应性轮滑课程中悲伤、愤怒、焦虑、害怕等情绪的调节能力。

一、研究对象

在征得 XX 特殊儿童干预中心部分家长同意后，选取经三甲医院诊断为孤独症（中度）、感觉统合失调（重度）、无其他身体并发症、具备基本运动能力、年龄在 6~7 岁之间的患儿，根据《学龄孤独症儿童教育评估指南》情绪调控领域测试的要求，该患儿必须能基本通过两项内容，经过筛选最终确定以下 4 名患儿。具体如表 2-4 至表 2-7 所示：

①　ISHII R. MEG revealed new functional hub of atypical brain network in autism spectrum disorders [J]. Clinical Neurophysiology, 2018 (9)：129-137.

表 2 - 4   研究对象小 A 的具体情况

姓名	性别	年龄	诊断机构	障碍类别	住址
小 A	女	6	长沙市第一医院	孤独症	长沙市开福区
行为特点	注意力溃散，眼神飘忽不定；多自发性语言，没有逻辑，受到一定程度刺激或被强制性要求时能用简单的字词表达自身的要求；喜欢独自玩，动作行为刻板单一；胆子较大，且长期学习游泳，具备一定运动能力；能听懂并执行简单的指令。				

表 2 - 5   研究对象小 B 的具体情况

姓名	性别	年龄	诊断机构	障碍类别	住址
小 B	女	7	中南大学湘雅医院	孤独症	长沙市芙蓉区
行为特点	典型的多动，且做同一事情不能超过 5 分钟；没有特别的爱好，对于母亲具有较高的依赖性；情绪容易失控，失控时爱哭且会攻击他人，没有自伤行为；对于运动不喜欢也不抵制，体格偏瘦，下肢力量及身体平衡低于同龄儿童。				

表 2 - 6   研究对象小 C 的具体情况

姓名	性别	年龄	诊断机构	障碍类别	住址
小 C	男	6	中南大学湘雅二医院	孤独症	长沙市开福区
行为特点	能用简短的词语表达自己的基本生活要求，如：喝水、上厕所、饿、吃饭等，但表达含糊不清，喜欢喝饮料特别是可乐；喜欢运动，运动能力较强，模仿能力较好，能根据指令较好地完成简单的运动动作，能简单识别理解他人面部、肢体、语言所表达情绪；情绪不稳定，容易受外界及自身的影响发脾气，大喊大叫；情绪失控时常伴随击掌（力度大）、捶胸、拍头等自残行为及其他攻击他人的行为。外界影响因素的安抚对其作用不是很明显。				

表 2 - 7　研究对象小 D 的具体情况

姓名	性别	年龄	诊断机构	障碍类别	住址
小 D	男	7	中南大学湘雅二医院	孤独症	长沙市天心区
行为特点	言语表达能力高于大部分孤独症儿童，能简单地进行沟通；喜欢看动画片和抖音；喜欢画画，在画画方面有一定天赋，绘画水平较同龄正常孩子略高；患儿喜欢赚钱，母亲将其作品放在公益平台售卖；从小不爱运动，并且有一定的抗拒和恐惧心理；胆子较小，害怕各种危险事情；能识别他人的面部、肢体、语言所表达情绪，并且能根据他人情绪做出相应反应。					

二、实验评估

依据《学龄孤独症儿童教育评估指南》情绪调控领域的测试条目，以适应性轮滑干预为自变量，以情绪调控成效为因变量，对 4 名研究对象进行实验前、实验中、实验后的情绪调控能力评估。

（一）实验评估方法细则

所述《学龄孤独症儿童教育评估指南》情绪调控领域测试条目，从情绪表现上选取悲伤、愤怒、焦虑、害怕 4 个负面情绪，从情绪调控程度上选取"被试者出现负面情绪时，能否在他人安慰后平静下来；被试者能否意识到自己的过激情绪并控制，保持情绪稳定；被试者能否接受并恰当应对挫折；被试者受到打扰时能否保持稳定的情绪；被试者能否恰当地处理自己的情绪表现，使之符合社会准则和人情习惯" 5 个程度，本书据此条目对研究对象来进行评估。

每项最高分值 100，最低 1 分；其中 1~50 分为不通过即无法完成测试条目要求，51~70 分为基本通过即基本能完成测试条目要求或能完成大部分测试条目要求，71~100 分为通过即可以完成测试条目要求。

（二）干预方法

采取集体与个案混合式教学模式，凸显集体教学对孤独症儿童干预的优点与孤独症儿童个案的特殊性。采用情景式教学方法，让患儿能够较好地融入集体活动。依据患儿的综合能力设计统一教学内容由主教进行实施，再依据个案的差异性由助理教练进行一对一的教学，提升患儿的综合能力，既有统一的教学目标又针对患儿设计不同的教学方法。采用应用行为分析法（A－B－A），让患儿在主教讲解教学内容时，调整自己情绪，让患儿能够适应集体教学，同时由助教在旁边对患儿进行一对一的调控，强化患儿的情绪调节。再依据教学内容，主教对患儿讲解，助教依据患儿情况将教学内容进行分解，让患儿在掌握教学内容的同时调控自我情绪，改善患儿在适应性轮滑学习过程中的情绪调节能力。

（三）研究对象的评估

根据《学龄孤独症儿童教育评估指南》情绪调控领域测试的要求，对 4 名研究对象进行评估测试。评估结果见表 2－8（√为通过，○为基本通过，×为不通过）。

表 2－8　4 名研究对象情绪调控评估结果

条目（情绪类别）	标准			
	小 A	小 B	小 C	小 D
悲伤	○	×	○	○
愤怒	×	×	×	√
焦虑	×	×	×	×
害怕	○	×	○	×
出现负面情绪时，在他人安慰后能平静下来	×	×	×	○
意识到自己的过激情绪并控制，保持情绪稳定	×	×	×	○
能接受并恰当应对挫折	×	×	×	×
受到打扰时能保持稳定的情绪	×	×	×	×
能够恰当地处理自己的情绪表现，使之符合社会准则和人情习惯	×	×	×	×

从表中评估结果及研究对象的基本情况调查，基本可以确认 4 名研究对象皆存在情绪调控问题。其中小 B 的情况最差，小 D 的情况较好，但也存在一定程度上的问题；小 A 与小 B 存在典型的情绪调控问题。小 A、小 B、小 C 都存在难以调控的愤怒情绪，4 名研究对象都有焦虑问题，在出现负面

情绪时，即使有外界因素的正面干预也难以很快稳定。

三、实验方案制定

（一）实验内容

从适应性轮滑项目特点出发，结合4名实验对象情绪调节的能力，从感知到喜欢过渡到学习到最后巩固学习，将适应性轮滑的教学分为六个阶段。具体如下：第一阶段让患儿观看轮滑视频，触摸轮滑鞋，适应授课教师，熟悉授课环境，主要观察患儿的焦虑与害怕情绪；第二阶段，让患儿熟悉护具、尝试穿鞋，让患儿克服恐惧心理，在地垫上能基本站立，主要观察患儿的焦虑情绪；第三阶段，让患儿适应地垫的站立，进行移动再转移到地面，采用部分强制手段，主要观察患儿在该阶段的焦虑情绪、愤怒情绪的表现；第四阶段，对患儿进行综合性的教学与训练，综合观测患儿在课程中的情绪调节能力；第五阶段，在原有基础上设置摔跤、转弯、刹车，采用部分强制手段，综合观测患儿在课程中的情绪调节能力；第六阶段，综合前面所有教学内容，设计情景教学、障碍教学，综合观测患儿在课程中的情绪调节能力。课程内容如图2-1所示。

具体如下：

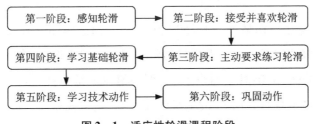

图2-1　适应性轮滑课程阶段

（二）数据收集

1. 基线期

未实施本干预之前，与家长沟通取得在患儿自然课程下观察患儿的情绪调控能力的许可，该阶段不做任何干预，只记录患儿在课程中情绪表现以及情绪调控能力。具体方法为期4周，每周2次，每次记录患儿在自然课程中情绪表现次数，由研究者记录。

2. 干预期

本研究采用混合式教学进行干预，将四名儿童作为一个小组设置自然集体课堂，以情景教学为主要手段，在授课期间设置一名主教教师，其余四名患儿分别采用一对一的干预形式，每周干预 3 次，干预 8 周，共 24 次。主要观测患儿在课程中害怕、焦虑、愤怒、悲伤等情绪调节的变化，也依次设计课程内容。一对一教练全程对患儿在课程中的表现进行引导，当有情绪出现时，及时将患儿拉到旁边进行情绪调节、梳理，提升患儿情绪调节能力，等患儿情绪稳定后又将患儿带入课堂进行干预锻炼，所以本干预课程为每次课程 90 分钟（45 分钟休息 10 分钟）。

3. 维持期

结束 8 周干预课程后，采用与前测相同的方式进行观测，并与家长、教师进行沟通，了解患儿在干预课程结束后的表现。该阶段为期 4 周，主要观察患儿在干预结束后在自然课堂中情绪调节的表现，具体方法为每周 2 次，每次记录患儿在自然课程中情绪表现次数，由研究者记录。

四、实验结果分析

（一）实验前后小 A 情绪调控能力变化分析

由图 2－2 和表 2－9 可知，小 A 在基线期存在较为严重的情绪调控问题，主要体现在悲伤情绪（14.50 ± 0.926）、愤怒情绪（18.63 ± 1.506）、焦虑情绪（18.13 ± 0.641）及害怕情绪（14.63 ± 2.220），在基线期和维基期的各组数据 Br 的绝对值均小于 1，即各组数据是非自我相关的，数据有效；在介入期的各组数据 Br 的绝对值大于 1，呈自我相关，且不随机分布，有一定的变化趋势。T 检验显示，小 A 的悲伤情绪调节能力在介入期与基线期无显著差异，干预过程中悲伤情绪波动起伏大，维基期呈现稳定趋势；其他各项情绪在介入期变化同样呈现持续的波动起伏，但介入期数值显著低于基线期（$P < 0.01$），说明适应性轮滑干预对小 A 的其他各项情绪调控干预具有即时效应。小 A 的各项情绪波动次数在介入期和维基期之间差异显著（$P < 0.01$），与介入期的波动起伏有关，实验处理仍具有延时效应。综上所述，适应性轮滑与小 A 的情绪稳定呈正相关（$P < 0.01$），适应性轮滑对小

A 的各项情绪产生了不同程度的积极影响。

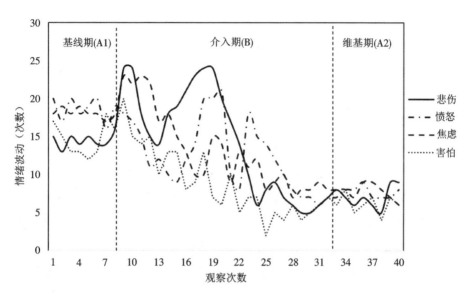

图 2 - 2　小 A 情绪次数变化记录图

表 2 - 9　小 A 情绪干预前后比较

干预前后阶段比较	悲伤			愤怒			焦虑			害怕		
	A1	B	A2	A1	B	A2	A1	B	A2	A1	B	A2
趋势走向的变化与效果	正向 - 负向			正向 - 负向			正向 - 负向			正向 - 负向		
趋势稳定性变化	不稳定 - 稳定			不稳定 - 稳定			不稳定 - 稳定			不稳定 - 稳定		
M	14.50	14.33	7.13	18.63	12.54	7.63	18.13	13.08	7.75	14.63	8.79	6.13
SD	0.926	7.110	1.458	1.506	4.615	0.744	0.641	5.225	1.035	2.220	4.462	1.246
Br	-0.65	2.13	0.21	-0.86	1.48	0.04	-0.07	1.91	0.37	0.44	1.49	-0.80
回归线斜率	0.12	-0.83	0.15	-0.13	-0.33	-0.04	-0.13	-0.65	-0.19	0.08	-0.53	-0.08
P（A1 - B）	0.912（>0.05）			0.000（<0.01）			0.000（<0.01）			0.001（<0.01）		
P（A1 - A2）	0.000（<0.01）			0.000（<0.01）			0.000（<0.01）			0.000（<0.01）		
P（B - A2）	0.000（<0.01）			0.000（<0.01）			0.000（<0.01）			0.013（<0.05）		

（二）实验前后小 B 情绪调控能力变化分析

由图 2 – 3 和表 2 – 10 可知，小 B 在基线期存在严重的情绪调节问题，主要体现在悲伤情绪（15. 00 ± 0. 756）、愤怒情绪（15. 38 ± 0. 744）、焦虑情绪（16. 13 ± 0. 835）及害怕情绪（16. 50 ± 0. 926），基线期和维基期的各组数据 Br 的绝对值均小于 1，呈现非自我相关，说明数据有效；在介入期的各组数据 Br 的绝对值大于 1，呈现自我相关，且不随机分布，存在一定的变化趋势。经 T 检验表明，小 B 的悲伤情绪调节在介入期与基线期无显著差异，在干预过程中小 B 的悲伤情绪波动变化大，在维基期有所缓解，趋向稳定，说明适应性轮滑对小 B 的悲伤情绪控制趋势呈不稳定 – 稳定趋势；其他各项情绪调节在介入期变化同样呈现持续的波动起伏，但介入期数值显著低于基线期（$P < 0.01$），说明适应性轮滑干预对小 B 的其他各项情绪控制促进具有即时效应。小 B 的各项情绪波动次数在介入期和维基期之间差异显著（$P < 0.01$），与介入期的波动起伏有关，实验处理仍具有延时效应。综上所述，适应性轮滑与小 B 的情绪稳定呈正相关（$P < 0.01$），适应性轮滑对小 B 的各项情绪产生了不同程度的积极影响。

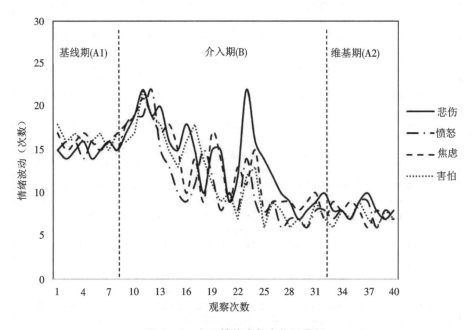

图 2 – 3　小 B 情绪次数变化记录图

表 2 - 10　小 B 情绪干预前后比较

干预前后阶段比较	悲伤			愤怒			焦虑			害怕		
	A1	B	A2	A1	B	A2	A1	B	A2	A1	B	A2
趋势走向的变化与效果	正向 - 负向			正向 - 负向			正向 - 负向			正向 - 负向		
趋势稳定性变化	不稳定 - 稳定			不稳定 - 稳定			不稳定 - 稳定			不稳定 - 稳定		
M	15.00	14.13	8.13	15.38	11.25	7.63	16.13	12.83	7.75	16.50	12.00	7.25
SD	0.756	4.504	0.991	0.744	4.618	1.061	0.835	4.331	1.035	0.926	4.773	1.035
Br	-0.35	1.57	0.18	-0.83	1.79	-0.45	-0.26	1.47	0.08	-0.65	1.87	-0.53
回归线斜率	0.10	-0.48	-0.01	-0.01	-0.54	-0.04	0.01	-0.51	-0.29	-0.14	-0.58	0.02
P (A1 - B)	0.369 （>0.05）			0.000 （<0.01）			0.001 （<0.01）			0.000 （<0.01）		
P (A1 - A2)	0.000 （<0.01）			0.001 （<0.01）			0.000 （<0.01）			0.000 （<0.01）		
P (B - A2)	0.000 （<0.01）			0.001 （<0.01）			0.000 （<0.01）			0.000 （<0.01）		

（三）实验前后小 C 情绪调控能力变化分析

由图 2 - 4 和表 2 - 11 可知，小 C 在基线期情绪调节存在较为严重的问题，具体表现为悲伤情绪（14.75 ± 0.886）、愤怒情绪（15.75 ± 0.707）、焦虑情绪（15.38 ± 0.744）及害怕情绪（13.25 ± 0.707），在基线期和维基期的各组数据 Br 的绝对值均小于 1，且非自我相关，说明数据有效；在介入期的各组数据 Br 的绝对值大于 1，存在自我相关，且不随机分布，呈一定的变化趋势。经 T 检验表明，小 C 的害怕情绪在介入期与基线期无显著差异，但在干预过程中害怕情绪波动起伏较大，在维基期有所缓解，呈现稳定趋势，比基线期数值低，说明适应性轮滑对小 C 的害怕情绪调控趋势呈不稳定 - 稳定趋势；其他各项情绪在介入期变化同样呈现持续的波动起伏，但介入期数值显著低于基线期（$P < 0.01$），说明适应性轮滑干预对小 C 的其他各项情绪控制促进具有即时效应。小 C 的各项情绪波动次数在介入期和维基期之间差异显著（$P < 0.01$），与介入期的波动起伏有关，实验处理仍具有延时效应。综上所述，适应性轮滑运动与小 C 的情绪稳定呈正相关（$P < 0.01$），适应性轮滑对小 C 的各项情绪产生了不同程度的积极影响。

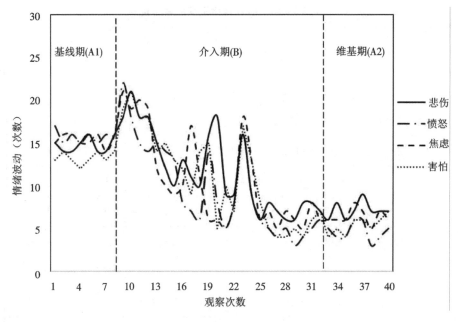

图 2 - 4　小 C 情绪次数变化记录图

表 2 - 11　小 C 情绪干预前后比较

干预前后阶段比较	悲伤			愤怒			焦虑			害怕		
	A1	B	A2	A1	B	A2	A1	B	A2	A1	B	A2
趋势走向的变化与效果	正向 - 负向			正向 - 负向			正向 - 负向			正向 - 负向		
趋势稳定性变化	不稳定 - 稳定			不稳定 - 稳定			不稳定 - 稳定			不稳定 - 稳定		
M	14.75	11.63	7.13	15.75	9.58	4.63	15.38	10.58	6.38	13.25	10.96	5.38
SD	0.886	4.589	0.991	0.707	0.266	1.061	0.744	5.453	0.916	0.707	5.449	1.061
Br	-0.21	1.59	-0.47	-0.73	1.54	-0.05	-0.69	1.54	-0.30	-0.13	1.66	0.20
回归线斜率	0.10	-0.53	0.08	-0.05	-0.60	-0.04	-0.04	-0.55	0.01	0.07	-0.64	0.35
P（A1 - B）	0.004（<0.01）			0.000（<0.01）			0.000（<0.01）			0.055（<0.05）		
P（A1 - A2）	0.000（<0.01）			0.000（<0.01）			0.000（<0.01）			0.000（<0.01）		
P（B - A2）	0.000（<0.01）			0.000（<0.01）			0.000（<0.01）			0.000（<0.01）		

（四）实验前后小 D 情绪调控能力变化分析

由图 2 - 5 和表 2 - 12 可知，小 D 在基线期情绪存在一定的调节困难，主要体现在悲伤情绪（13.13 ± 0.835）、愤怒情绪（13.88 ± 0.835）、焦虑情绪（15.00 ± 0.756）及害怕情绪（14.38 ± 0.744），在基线期和维基期的各组数据 Br 的绝对值均小于 1，呈现非自我相关，说明数据有效；在介入期的各组数据 Br 的绝对值大于 1，存在自我相关，且不随机分布，呈一定的变化趋势。经 T 检验表明，小 D 的悲伤情绪在介入期与基线期无显著差异，在干预过程中悲伤情绪波动起伏较大，在维基期有所缓解，说明适应性轮滑对小 D 的悲伤情绪调控趋势呈不稳定 - 稳定趋势；其他各项情绪在介入期变化同样呈现持续的波动起伏，但介入期数值显著低于基线期（$P <$ 0.01），说明适应性轮滑干预对小 D 的其他各项情绪控制促进具有即时效应。小 D 的各项情绪波动次数在介入期和维基期之间差异显著（$P < 0.01$），与介入期的波动起伏有关，实验处理仍具有延时效应。综上所述，适应性轮滑与小 D 的情绪稳定呈正相关（$P < 0.01$），适应性轮滑对小 D 的各项情绪产生了不同程度的积极影响。

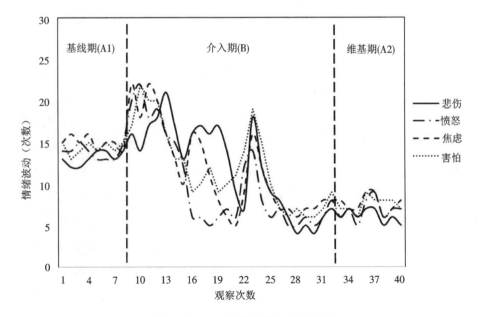

图 2 - 5　小 D 情绪次数变化记录图

表 2 - 12　小 D 情绪干预前后比较

干预前后阶段比较	悲伤			愤怒			焦虑			害怕		
	A1	B	A2	A1	B	A2	A1	B	A2	A1	B	A2
趋势走向的变化与效果	正向 - 负向			正向 - 负向			正向 - 负向			正向 - 负向		
趋势稳定性变化	不稳定 - 稳定			不稳定 - 稳定			不稳定 - 稳定			不稳定 - 稳定		
M	13.13	12.13	6.13	13.88	10.00	6.88	15.00	11.58	7.63	14.38	12.00	7.50
SD	0.835	5.286	0.835	0.835	5.564	1.246	0.756	5.299	1.061	0.744	4.917	0.926
Br	0.58	1.82	-0.08	0.21	1.97	-0.26	-0.35	1.78	-0.03	-0.55	1.98	-0.30
回归线斜率	0.23	-0.62	-0.18	-0.06	-0.59	0.13	-0.17	-0.59	-0.04	0.08	-0.52	0.12
P (A1 - B)	0.380 (>0.05)			0.003 (<0.01)			0.005 (<0.01)			0.030 (<0.05)		
P (A1 - A2)	0.000 (<0.01)			0.000 (<0.01)			0.000 (<0.01)			0.000 (<0.01)		
P (B - A2)	0.000 (<0.01)			0.016 (<0.01)			0.002 (<0.01)			0.000 (<0.01)		

（五）试验前后 4 名孤独症患儿情况比较分析

适应性轮滑对孤独症儿童的情绪调节均呈现改善作用，改善程度依次为害怕、焦虑、悲伤、愤怒。不同患儿在这四种情绪调控方面也呈现出了具体的差别，具体情况如图 2 - 6 和表 2 - 13。实验前后 4 名孤独症患儿整体情绪调控能力变化趋势均为正向 - 负向，基线期和维基期的各组数据 Br 的绝对值均小于 1，呈现非自我相关，数据有效；在介入期的各组数据 Br 的绝对值大于 1，各组数据存在自我相关，并不是随机分布的，呈一定的变化趋势。经 T 检验表明：①实验前后 4 名孤独症患儿的整体情绪在基线期和介入期均存在显著性差异（$P < 0.01$），初步说明适应性轮滑对孤独症患儿的情绪干预有效，适应性轮滑与孤独症患儿情绪调节存在显著的相关性；②试验前后 4 名孤独症患儿的整体情绪调节在介入期与维基期之间差异显著（$P < 0.01$），与实验过程中实验设计对患儿的情绪刺激所导致的波动起伏有关，实验处理仍具有延时效应；③通过对比 4 名孤独症患儿实验前后情绪调控能力评估的均值，4 名孤独症儿童干预前后数值存在显著差异性（$P < 0.01$），说明适应性轮滑对孤独症患儿的情绪稳定具有良好的促进作用。

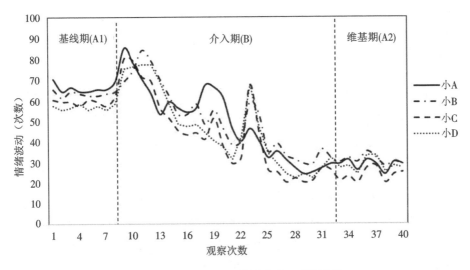

图 2－6 孤独症儿童情绪波动干预效果图

表 2－13 实验前后 4 名孤独症患儿整体情绪调控能力变化

干预前后阶段比较	悲伤			愤怒			焦虑			害怕		
	A1	B	A2	A1	B	A2	A1	B	A2	A1	B	A2
趋势走向的变化与效果	正向－负向			正向－负向			正向－负向			正向－负向		
趋势稳定性变化	不稳定－稳定			不稳定－稳定			不稳定－稳定			不稳定－稳定		
M	65.88	48.75	28.63	63.00	50.12	30.75	59.13	42.75	23.50	56.38	45.71	28.00
SD	2.357	17.848	2.446	1.309	16.597	2.188	1.642	19.225	3.071	1.302	18.947	3.464
Br	－0.18	2.01	－0.62	－0.59	2.02	0.01	－0.57	1.80	－0.22	－0.85	2.03	－0.25
回归线斜率	－0.06	－2.33	－0.15	－0.05	－2.11	－0.31	0.08	－2.32	0.40	0.08	－2.32	0.04
P (A1－B)	0.000 (<0.01)			0.001 (<0.01)			0.001 (<0.01)			0.0012 (<0.01)		
P (A1－A2)	0.000 (<0.01)			0.000 (<0.01)			0.000 (<0.01)			0.000 (<0.01)		
P (B－A2)	0.000 (<0.01)			0.000 (<0.01)			0.000 (<0.01)			0.000 (<0.01)		

五、结论

本研究主要探讨适应性轮滑对孤独症儿童情绪调节能力的影响，假设干预有利于提升孤独症儿童的情绪调节能力。经试验验证，适应性轮滑对孤独症儿童情绪调节有效。在今后医生和教育工作者为孤独症儿童开设运动处方的时候，可以将其作为其中一个因子，综合观测孤独症儿童的情绪调控。与之前研究体育对孤独症儿童情绪调节的结果一致，如 12 周慢跑的干预对孤独症儿童的情绪调节和在行为问题方面有显著改善。在本研究中，运用轮滑项目的特点，重点分析孤独症儿童害怕、焦虑、悲伤、愤怒四种情绪，通过干预后，4 名孤独症儿童均在不同程度上提高了自我情绪调控能力，特别是害怕情绪，对于 4 名儿童的效果最为明显。但本实验主要观察孤独症儿童出现情绪后，在经他人安慰下的情绪调控能力，没有将孤独症儿童在出现情绪后自我调整的能力放到观察范围内，未来研究者应将这个因素考虑进来。

在实验过程中的主要观测点是孤独症儿童情绪调控能力，同时也对孤独症儿童的刻板行为、社会交往能力进行了少量观测，干预后发现该 4 名儿童的刻板行为有了少许的降低，如小 A 情不自禁地拍掌、小 C 的尖叫、小 B 的跺脚、小 D 摇头，均在实验结束后有了较大程度的缓解（通过与家长沟通以及维基期的观测所得），这与其他学者研究结果一致，如 12 周小篮球运动可以改善学龄前孤独症儿童的重复刻板行为，但因本实验初未将该观测点作为实验点，所以没有进一步论述，今后的研究可对该行为进行深度观测。

将适应性轮滑作为孤独症儿童情绪调节能力改善的实验中介虽是第一次尝试，但这项实验产生了希望结果。实验证明，适应性轮滑干预可以提高孤独症儿童的情绪调节能力，相对原本的情绪调节有了较大的改变。综合考虑这些因素，今后有必要进一步研究适应性轮滑对孤独症儿童情绪调节和行为的积极作用以及机制。

六、研究不足

综合考虑，本研究具有以下几个限制：第一，本研究的参与者是情绪调控问题较大，且智商较高的儿童，研究结果不适合推广到所有孤独症儿童；第二，样本只选择了 4 名儿童，样本量太小，不能更全面地提供孤独症儿童情绪调节的问题；第三，本研究仅关注他人安慰后孤独症儿童的情绪调节，忽略了孤独症儿童自身发展的特点，需要在今后对其自身发展进行深入分析；第四，因采用多种教学方式进行试验，每位教练的能力有所不同，可能造成实验结果有所偏差，未来的研究应尽可能地采用录像和行为编码。

第三节　孤独症儿童主动沟通行为影响的实证研究

一、研究对象

本研究在湖南省特殊儿童干预中心进行，经与家长和校方协议，课题组为参与实验的患儿购买了运动伤害保险。受试者的筛选纳入标准为：①经三甲医院诊断，持有孤独症鉴定证明；②年龄在 3~7 岁；③获得监护人及校方的知情同意；④无其他身体并发症，均具有基本的运动能力；⑤视觉接受评分大于 18 个月；⑥保持最低的语言限度。经过筛选，共确定 2 名被试，分别为受试者甲和受试者乙。

受试者甲，男，5 岁 9 个月，和父母生活在一起，没有兄弟姐妹，父亲是全职工作，母亲辞职在家照料患儿。家长报告列出问题如下：语言迟缓、吐字不清、非典型运动发育、情绪波动大、存在攻击倾向和重复刻板行为（如双手举在空中行走）。

受试者乙，男，6 岁 2 个月，和父母及姐姐生活在一起，父母共同经营个体企业。家长报告列出问题如下：语言表达内容有限、不会主动与同伴交流、注意力涣散（如当手指物品时，眼睛注视手指）、不易集中、经常发脾气、自我意识强烈、存在重复刻板行为（如拍手）。

二、研究工具

（一）测量工具

本研究测量工具改编自张正芬、王华沛所制《孤独症儿童基本沟通行为评量表》。测量表由专业观察人员填写，在研究开始的阶段，指导教师使用行为事情的录像针对观察者的一致性进行训练，在周期性培训中反复操作演练后，由两人共同观察，确保数据采集的严谨性和真实有效性。若有异议，则选取均值，以此提升数据的有效性。

（二）社会效度

自制《社会效度问卷》。该问卷由 15 个题项构成，包括干预的可接受性、可行性和满意度等方面。题项 1~5 与干预可接受性有关（需求、设备、环境、形式和文化方面），题项 6~10 评估可行性（时间、地点、教师、程序），题项 11~14 测量授课教师和家长对干预的满意度和对目标技能的帮助感。15 题项为开放性问题，邀请家长和授课教师提供他们整体感知的帮助、建议和接受干预的经验。采用李克特的 5 级评分，量表中得分越高则表明对应维度的满意程度越高。

（三）干预记录表

自制《目标行为记录表》和《目标行为统计表》。采用事件记录法，由多位观察人员对孤独症儿童的目标行为和目标行为次数进行及时记录和反馈，用于目标行为的质性评估和量性评估。

三、研究设计

本研究假设轮滑运动能促进孤独症儿童的主动沟通行为。

（一）自变量

本研究的自变量是轮滑运动。教学模式采用情景式设计，依据孤独症儿童的综合能力设计统一教学内容，再根据个体差异性设定不同的教学方式，既有统一的教学目标又针对患儿设计不同的教学方式。

（二）因变量

本研究的因变量是受试者的主动沟通行为。主动沟通行为是指个体想让他人知道自己生理或心理上的某些需要而做出的主动与他人进行沟通的行为，具体分为口语主动沟通行为和非口语主动沟通行为。研究中两名受试者具有不同的沟通行为和表达方式，具体操作性定义见表 2-14。

表 2-14 主动沟通行为定义表

沟通行为	定义
口语	通过语言表达想要的物品或其他需求等情况，带有沟通意图的声音。
眼神注视	当看到想要的物品或其他需求等情况，带有沟通意图的注视行为。
肢体动作	通过肢体动作表达想要的物品或其他需求等情况，如拉、拿、伸、抱等。

（三）控制变量

在本研究中，实验时间、实验地点、实验人员保持不变。受试者坚持参与每一次干预活动，在保持原来课程的基础上，额外加入轮滑运动，同时要求受试者在干预过程中不接受其他干预或培训，不服用相关药物，保持正常的生活轨迹和学习方式。

（四）实验地点和时间

本实验安排在长沙某特殊儿童干预中心，干预机构有专业教师数名，拥有室内轮滑场及各种轮滑运动器材和配备设施，能满足实验的需求。参与干预的辅助者为接受过专业课程培训的学员，同时拥有和孤独症儿童相处的专业知识和经验。干预频率为每周 3 次，每次课时 60 分钟，干预时长为 8 周。

（五）实验程序

研究采用单一被试（A－B－A）实验设计，将运动元素和教育元素相结合，在固定的时间和相对封闭的场地对孤独症儿童进行轮滑干预，实验过程被划分为基线期、介入期和维基期三个干预阶段。

（六）信度检验

研究采用信度检验公式检验实验的信度。信度检验公式为：观察者间一致性百分比 ＝ 观察一致性次数 ÷（一致性次数 ＋ 不一致性次数）×100％。在每次干预结束后，两名干预人员会针对观察记录表进行对比，并使用信度检验公式进行计算，观察者一致性百分率在95％以上，说明观察者一致性信度较高。

（七）数据处理

采用统计学软件 Excel 和 SPSS25.0 软件包进行统计分析。通过视觉分析法分析两名受试者主动沟通行为各阶段数据变化的趋势及采用杜晓新提出的 Bartlett 比值计算方法判断数据合理性和变化趋势。

四、实验结果

（一）实验前后主动沟通行为次数变化情况

两名受试者在基线期、介入期及维基期主动沟通行为变化趋势如图 2－7 所示。进行视觉分析后可知，两名受试者主动沟通行为次数的水准范围分别为 5～8 次、6～10 次，平均值为 6.88 次、8.13 次，说明两名受试者的主动沟通行为次数在基线期呈稳定低值。进入介入期后，两名受试者的主动沟通行为次数均值为17.79次、24.63次，系列数据的Bartlett比值介入期内绝对值＞1，说明受试者的主动沟通行为呈上升变化趋势；其中，受试者甲呈现先平稳上升后迅速上升的趋势，是因为受试者甲在干预前期平衡能力较差，身体控制能力相对较弱，且有较多刻板行为；受试者乙身体协调能力较好，较快掌握滑行的技巧，经过数次干预后，有效沟通次数迅速增加。撤销实验处理后，两名受试者的主动沟通行为均值为28.25次、33.38次，在介入期和维基期之间差异均不显著（$P > 0.05$），说明实验处理具有延时效应。

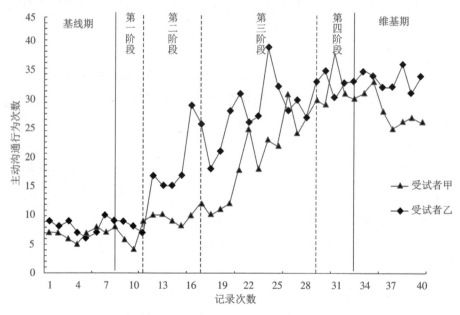

图2-7　两名受试者主动沟通次数变化图

（二）实验前后沟通方式变化情况

由表2-15可知，在基线期，两名受试者沟通方式存在差异，受试者甲沟通方式主要以眼神注视和肢体动作交流为主，较少使用口语进行沟通和表达；受试者乙具备一定口语沟通能力，但缺乏眼神注视交流，注意力涣散。进入介入期和维基期，受试者甲肢体动作沟通比例减少，口语和眼神注视沟通比例上升；受试者乙口语沟通能力得到进一步发展，眼神注视交流虽然并不稳定，但整体呈上升趋势。

表 2 - 15　受试者沟通方式比例统计结果 （%）

	甲			乙		
	A1	B	A2	A1	B	A2
口语	3.6	20.8	16.4	27.7	33.2	31.5
眼神注视	38.2	53.4	42.9	18.5	30.5	24.7
肢体动作	58.2	25.8	40.7	53.8	36.3	43.8

（三） 社会效度

针对授课教师和受试者家长进行社会效度访谈，结果如下：干预可接受性的平均评分为 4.45 （标准差 = 0.44），可行性的平均评分为 4.76 （标准差 = 0.41），满意度的平均评分为 4.68 （标准差 = 0.46），对干预的帮助性的平均评分为 4.32 （标准差 = 0.31）。这说明家长和授课教师对干预满意度较高。

五、讨论与启示

初步研究结果显示，以轮滑运动为干预手段的孤独症儿童沟通行为干预模式，能有效增加孤独症儿童主动沟通行为次数和促进沟通方式转变，与此前有关体育活动与孤独症儿童主动沟通行为研究报告相一致。对于保持最低语言限度的孤独症儿童而言，早期口语沟通行为的改变代表了干预的可行性，同时也意味着轮滑运动在孤独症儿童群体的长时间应用可能会有助于促进孤独症儿童的沟通发展轨迹。因此，这项研究代表了一个可行和可接受的运动干预实施方案。

轮滑运动干预对孤独症儿童主动沟通行为有积极影响：其一，可能与针对沟通技能设计的身体活动方案有关。轮滑运动对身体体态等方面的要求促进了人体本体觉和前庭觉的反馈，使孤独症儿童达到更高层次的动态稳定水平，而人类的大脑能够稳定地接收和处理信息，其关键便在于神经连接可以对信息形成稳定的表征。其二，由于轮滑鞋特有的新奇性、娱乐性优于传统运动项目，所蕴涵的艺术性和趣味性的内在属性能吸引孤独症儿童的目光，因此，轮滑运动强化主体参与运动的内生动力，进而激发孤独症儿童的沟通意图。此外，体育活动的增加可能有助于抵消孤独症儿童在长时间久坐中花费的时间，从而获得额外的健康益处。

另一个值得注意的发现是，干预过程中挑战行为和要求难度增加与孤独症儿童的口语沟通行为并不呈正相关。尽管违反常规直觉，但可以解释的原因有二：其一，更大的压力对孤独症儿童的干预治疗可能并不起绝对的支持作用，部分研究发现，在那些表现出更普遍的挑战行为的教室里，孩子们可能会更普遍存在孤独症症状，反过来，他们往往也会接受更多的强化干预；其二，受限于本研究样本量的大小，在干预过程中会存在个体差异性，即不同的个体在面对难度不一的挑战行为或要求行为时，应对方式会有所不同。提示干预实施者在干预过程中需要注意"因材施教"，针对不同的个体需采取不同强度的挑战行为或要求行为。

六、结论

初步研究表明，轮滑运动干预对促进孤独症儿童主动沟通行为具有良好的成效。与传统治疗相比较而言，轮滑运动干预不涉及专业的治疗师，且轮滑运动为孤独症患者提供了一个既吸引人又令人愉快的氛围，其本身的运动属性也决定了干预过程在时空方面的限制较低，因此，考虑到轮滑运动对孤独症儿童的多功能性和有效性，尽管不能推断出两者之间的因果关联，但轮滑运动应该被视为促进孤独症儿童康复的一个经济有效的选择，可以作为孤独症治疗项目和学校课程的可行组成部分。同时，参与者在干预后表示希望能继续参加轮滑或其他类似运动，家长和授课教师对干预满意度较高，说明轮滑运动可能会受到广大孤独症儿童的欢迎。

第四节　适应性轮滑对孤独症儿童
静态平衡能力的干预研究

随着社会不断发展，人们生活水平不断提高，人类对医疗健康教育也越来越重视；近年来，"特殊教育"与"平衡能力"被世界各国学者所推崇与深入研究。"特殊教育"顾名思义是指对特殊儿童进行针对性、适应性的教学与指导；"平衡能力"是维持其他活动能力的基础。据统计，全球每二十分钟就有一个孩子被确诊为孤独症，其中男孩被确诊的概率是女孩的 4 倍。在如此严峻的背景下，从特殊体育教学的方法与手段出发，结合孤独症儿童的实际情况进行运动干预，主要目的在于通过开展适应性轮滑活动，带领孤独症儿童进行轮滑练习，对比运动干预前后的具体变化，分析得出适应性轮滑活动对孤独症儿童平衡能力的实际影响与变化。更为准确了解适应性轮滑活动对孤独症儿童平衡能力的具体影响，为今后改善孤独症儿童的平衡能力和姿势控制能力提供一定的理论依据，为家长、特教老师在该领域制定康复训练方案提供方法借鉴与参考。

一、研究对象

从湖南省特殊儿童干预中心抽取 4 位在医学上被诊断为孤独症的患儿志愿者，4 名儿童年龄相近，且他们在接受干预之前从未接受过轮滑训练（包括其他类似轮滑等训练）；将四名儿童分为实验组与对照组，实验组为小 A、小 B，对照组为小 C，小 D；对实验组进行 8 周（3 次/周）每次 90 分钟的轮滑干预。对照组不进行轮滑干预以及其他类似体育运动。观察其轮滑干预前、后实验组小 A、小 B 及对照组小 C、小 D 静态平衡能力的变化情况。干预前 4 名儿童基本情况如表 2 – 16 所示。

表 2 – 16 4 名孤独症儿童基本情况

组别	姓名	性别	年龄	静态平衡能力特点
实验组	小 A	女	6	能独立行走、独立站、独立坐，双脚闭眼站只能坚持 3 秒以下，不能尝试单腿站立等，静态平衡能力较差
	小 B	男	8	能独立行走、独立站、独立坐，在监护下能尝试单腿站立，静态平衡能力相对较好
对照组	小 C	男	6	能独立行走、独立站、独立坐等，对闭眼站感到害怕，不能尝试单腿站立，静态平衡能力较差
	小 D	女	8	能独立行走、独立站、独立坐，借助外物能够尝试单腿站立，静态平衡能力相对良好

二、实验法

4 名儿童分为实验组与对照组，实验组在 2020 年 9 月—12 月进行 8 周轮滑干预，通过多项测量指标测量其静态平衡能力。为减少对实验造成的误差，在干预期间除干预课程之外均不参与其他体育活动。对照组不进行轮滑干预，也不参与其他体育活动。在干预前、后对实验对象进行测试，分析轮滑运动项目对干预对象静态平衡能力的影响。测试成绩有所提高则有影响。

（一）测量指标

以适应性轮滑为干预手段对干预对象进行干预，通过前测、后测。分别从以下几项测试指标进行测试：独立站、独立坐、闭眼站、双脚并拢站、两脚前后站、单腿站、闭眼单腿站。7 项分别进行评分，前 6 项采用 Berg 平衡量表静态平衡 0～4 评分标准进行评分，详情如表 2－17；闭眼单腿站采用秒表计时，详情如表 2－18。

表 2－17 Berg 平衡量表静态平衡测试

测试指标	评分标准	得分
独立站	没有帮助不能站立 30 秒	0
	经过几次努力能够独立站立 30 秒	1
	能够独立站立 30 秒	2
	能够在监护下站立 2 分钟	3
	能够安全站立 2 分钟	4
独立坐	没有支撑则不能坐 10 秒	0
	能够坐 10 秒	1
	能够坐 30 秒	2
	能够在监护下坐 2 分钟	3
	能够安全地坐 2 分钟	4
闭眼站	需要帮助以避免跌倒	0
	闭眼不能站立 3 秒但睁眼站立能保持稳定	1
	能够站立 3 秒	2
	能够在监护下站立 10 秒	3
	能够安全站立 10 秒	4

（续表）

测试指标	评分标准	得分
双脚并拢站	需要帮助才能将双脚并拢且双脚并拢后不能站立 15 秒	0
	需要帮助才能将双脚并拢且能站立 15 秒	1
	能够独立将双脚并拢但不能站立 30 秒	2
	能够独立将双脚并拢并在监护下站立 1 分钟	3
	能够独立将双脚并拢并独立站立 1 分钟	4
两脚前后站	当迈步或站立时失去平衡	0
	需要帮助才能向前迈步但能保持 15 秒	1
	能独立地将一只脚向前迈一小步且保持 30 秒	2
	能独立地将一只脚放在另一只脚前方且保持 30 秒	3
	能独立地将一只脚放在另一只脚正前方保持 30 秒	4
单腿站	不能尝试此项活动或需要帮助以避免跌倒	0
	经过努力能够抬起一条腿，保持时间不足 3 秒	1
	能独立抬起一条腿且保持 3~5 秒	2
	能独立抬起一条腿且保持 5~10 秒	3
	能独立抬起一条腿且保持 10 秒以上	4

表 2-18　闭眼单腿站男女生评分标准

男		女	
时间（S）	得分	时间（S）	得分
0~4	0	0~3	0
5~12	1	4~11	1
13~37	2	12~35	2
38~109	3	36~109	3
110 以上	4	110 以上	4

前六项采用 Berg 平衡量表进行测量，男女评分标准一致，闭眼单腿站立采取秒表计时计算成绩，根据每位患者自己能够做到的程度来进行打分，最后再次相加得出总分。

（二）适应性轮滑课程

依据适应性轮滑项目特点，结合 4 名实验对象干预前的静态平衡能力，将适应性轮滑的课程教学分为 8 周，具体如表 2-19 所示。

表2－19　适应性轮滑干预课程

	干预内容	干预目标
第1周	学生熟悉上课场地、观看轮滑视频、教练滑行展示、学生体验滑行	能够了解轮滑，喜欢上轮滑运动，愿意来上课；敢于尝试滑行
第2周	学习穿戴轮滑鞋与护具、地毯上的V字站立、原地踏步、原地蹲起	学习基础动作，提升自信心，增强腿部力量，穿上轮滑鞋能够较平稳站立、踏步
第3周	地毯上向前摔跤、向侧摔跤、起立、左右横向迈步	能够勇敢，不怕摔跤以及能够正确地摔跤起立；提高短时间的单腿站立能力
第4周	地毯高抬腿、地面V字站立、平行站立、踏步前行	尝试高抬腿动作；提高静态平衡能力；并且能较平稳地踏步前行
第5周	地毯单腿站立、双脚前后站立、地面静蹲、制动器刹车	能够尝试单腿站立、双脚前后站立
第6周	下蹲滑行、原地前后滑行、踏步转弯	增强对脚、髋关节、踝关节及身体各部位的控制能力
第7周	平行滑行、葫芦刹车、障碍滑行	学会平行滑行、葫芦刹车等；能够很好地控制鞋子、控制身体平衡
第8周	直线滑行、火车滑行、综合滑行	有较好的动态、静态平衡能力

（三）数据来源

1. 前测

未实施本干预之前，与家长沟通在患儿自然课程下患儿在家庭、学校及校外其他活动中静态平衡能力的表现情况。不做任何干预，只记录患儿静态平衡表现。具体方法为期2周（3次/周），由研究者记录测试成绩。

2. 干预

将4名孤独症儿童分为实验组与对照组，实验组进行轮滑干预，对照组不进行轮滑干预，实验组置于自然集体课堂，以情景教学为主要手段，在授课期间设置一名主教教师，2名孤独症儿童采用一对一的干预形式，每周3次，干预8周，共24次，每次课程90分钟（干预40分钟休息10分钟）。

对照组不进行干预；主要观测干预对象在课程干预前、后静态平衡能力的变化，依次设计课程内容。教练全程对孤独症儿童在课程中的表现一对一进行引导，在轮滑干预实验结束后对实验组及对照组进行静态平衡能力测试。通过 7 项静态平衡测试指标，观察轮滑干预对孤独症儿童静态平衡能力干预的影响效果。若干预前后实验组静态平衡测试成绩有提升，对照组无明显变化，说明轮滑运动干预对孤独症儿童的静态平衡能力的提高具有积极效果。

3. 后测

在干预 8 周后通过独立站、独立坐、闭眼站、双脚并拢站、两脚前后站、单腿站、闭眼单腿站 7 项测量指标对 4 名干预对象进行静态平衡能力测试，记录每项的最终测试成绩。

三、结果与分析

（一）轮滑干预前实验组与对照组静态平衡能力测试结果

轮滑干预实验前，通过独立站、独立坐、闭眼站、双脚并拢站、两脚前后站、单腿站、闭眼单腿站 7 项静态平衡测试指标对实验组与对照组 4 名孤独症儿童进行静态平衡能力测试，测试得分情况如表 2 - 20。

表 2 - 20　干预前实验组与对照组静态平衡能力测试得分情况

测试指标	实验组		对照组	
	小 A	小 B	小 C	小 D
独立站	2	3	3	2
独立坐	3	3	3	3
闭眼站	1	1	1	1
双脚并拢站	2	1	1	2
两脚前后站	1	2	2	2
单腿站	1	1	1	1
闭眼单腿站	1	1	0	0
总分	11	12	11	11

由表 2 - 20 可看出，在轮滑干预实验之前，小 A、小 B、小 C、小 D 的静态平衡能力总分分别为 11 分、12 分、11 分、11 分。4 名研究对象在轮滑

训练干预前，静态平衡测试成绩相近，静态平衡能力接近。4 名研究对象在前测中独立站、独立坐两项测试成绩相对较好，闭眼站、单腿站、闭眼单腿站三项测试成绩相对较差。

（二）轮滑干预后实验组与对照组静态平衡能力测试结果

轮滑干预之后，通过独立站、独立坐、闭眼站、双脚并拢站、两脚前后站、单腿站、闭眼单腿站 7 项静态平衡测试指标对实验组与对照组 4 名孤独症儿童静进行态平衡能力测试，测试得分情况如表 2 – 21。

表 2 – 21　干预后实验组与对照组静态平衡能力测试得分情况

测试指标	实验组		对照组	
	小 A	小 B	小 C	小 D
独立站	2	3	3	2
独立坐	3	3	3	3
闭眼站	2	2	1	2
双脚并拢站	4	3	2	2
两脚前后站	3	4	2	2
单腿站	3	4	1	2
闭眼单腿站	2	2	1	1
总分	19	21	13	14

由表 2 – 21 可看出，小 A 的静态平衡能力总分为 19 分，在轮滑干预之后，静态平衡能力测试总得分提高了 8 分；小 B 的静态平衡能力总分为 21 分，在轮滑干预之后，静态平衡能力测试总得分提高了 9 分；小 C 的静态平衡能力总分为 13 分，后测静态平衡能力测试总得分提高了 2 分；小 D 的静态平衡能力总分为 14 分，后测静态平衡能力测试总得分提高了 3 分。4 名研究对象在静态平衡能力后测得分都有提升，经过轮滑训练干预的两名实验组孤独症儿童，静态平衡能力测试成绩提升较大；没有经过轮滑训练干预的两名对照组孤独症儿童静态平衡能力也有提升，但提升较小，可能与儿童身体发展有关。

（三）干预前后实验组与对照组静态平衡能力对比分析

通过独立站、独立坐、闭眼站、双脚并拢站、两脚前后站、单腿站、闭眼单腿站 7 项静态平衡测试指标对实验组与对照组 4 名孤独症儿童的静态平衡能力进行测量。

1. 轮滑干预对独立站的影响

根据静态平衡能力测试标准（表 2 - 17），轮滑干预前后实验组与对照组独立站测试得分结果详见表 2 - 22。

表 2 - 22　实验组与对照组独立站前后测试成绩对比

测试指标	实验组				对照组			
	小 A		小 B		小 C		小 D	
	前测	后测	前测	后测	前测	后测	前测	后测
独立站	2	2	3	3	3	3	2	2

根据表 2 - 22 的测试结果可知，轮滑干预前后实验组与对照组的独立站测试成绩没有明显变化；实验组与对照组的前后测试成绩一致。这说明轮滑对独立坐测试项目无影响或影响较小。

2. 轮滑干预对独立坐的影响

根据静态平衡能力测试标准（表 2 - 17），轮滑干预前后实验组与对照组独立坐测试得分结果详见表 2 - 23。

表 2 - 23　实验组与对照组独立坐前后测试成绩对比比

测试指标	实验组				对照组			
	小 A		小 B		小 C		小 D	
	前测	后测	前测	后测	前测	后测	前测	后测
独立坐	3	3	3	3	3	3	3	3

根据表 2 - 23 的测试结果可知，轮滑干预前后实验组与对照组的独立坐测试成绩没有明显变化，从干预前 3 分到干预后仍然是 3 分，实验组与对照组的前后测试成绩一致，说明轮滑对独立坐测试项目无影响或影响较小。

3. 轮滑干预对闭眼站的影响

根据静态平衡能力测试标准（表 2 - 17），轮滑干预前后实验组与对照组闭眼站测试得分结果详见表2-24。

表2-24　实验组与对照组闭眼站前后测试成绩对比

测试指标	实验组				对照组			
	小A		小B		小C		小D	
	前测	后测	前测	后测	前测	后测	前测	后测
闭眼坐	1	2	1	2	1	1	1	2

根据表2-24的测试结果可知，轮滑干预前后实验组的闭眼站测试成绩有所提升，小A、小B、小D闭眼站测试成绩均从前测1分到后测提高至2分，从干预前闭眼不能够站立3秒到轮滑干预后能够站立3秒；小C闭眼站测试成绩均为1分，前后测无变化。这说明轮滑干预对闭眼站测试项有影响，但影响相对较小。

4. 轮滑干预对双脚并拢站的影响

根据静态平衡能力测试标准（表2-17），轮滑干预前后实验组与对照组双脚并拢站测试得分结果详见表2-25。

表2-25　实验组与对照组双脚并拢站前后测试成绩对比

测试指标	实验组				对照组			
	小A		小B		小C		小D	
	前测	后测	前测	后测	前测	后测	前测	后测
双脚并拢站	2	4	1	3	1	2	2	2

根据表2-25的测试结果可知，轮滑干预前后实验组的双脚并拢站测试成绩都有所提升，实验组小B和小A双脚并拢站测试成绩从干预前1~2分到干预后提高至3~4分；从干预前需要帮助才能将双脚并拢且能站立15秒和能够独立将双脚并拢但不能站立30秒到轮滑干预后能够独立将双脚并拢并在监护下站立1分钟和能够独立将双脚并拢并独立站立1分钟。对照组小C双脚并拢站前后测试成绩也有所变化，从前测得分1分到后测得分2分，前测需要帮助才能将双脚并拢且能站立15秒到后测能够独立将双脚并拢但不能站立30秒；对照组小D双脚并拢站测试成绩均为2分，前后测无变化。实验组与对照组前后测的数据对比，说明轮滑对双脚并拢站测试项有影响，

且较明显。

5. 轮滑干预对两脚前后站的影响

根据静态平衡能力测试标准（表 2 – 17），轮滑干预前后实验组与对照组两脚前后站测试得分结果详见表 2 – 26。

表 2 – 26　实验组与对照组两脚前后站前后测试成绩对比

测试指标	实验组				对照组			
	小 A		小 B		小 C		小 D	
	前测	后测	前测	后测	前测	后测	前测	后测
两脚前后站	1	3	2	4	2	2	2	2

根据表 2 – 26 的测试结果可知，轮滑干预前后实验组的两脚前后站测试成绩有所提升，小 A 从干预前 1 分到干预后提高至 3 分，从干预前需要帮助才能向前迈步但能保持 15 秒到轮滑干预后能独立地将一只脚放在另一只脚前方且保持 30 秒；小 B 从干预前 2 分到干预后提高至 4 分，从干预前能独立地将一只脚向前迈一小步且保持 30 秒到轮滑干预后能独立地将一只脚放在另一只脚正前方保持 30 秒。对照组小 C、小 D 两名儿童两腿前后站测试成绩前测得分 2 分，后测无变化。这说明轮滑干预对两脚前后站测试项有影响，且较显著。

6. 轮滑干预对单腿站的影响

根据静态平衡能力测试标准（表 2 – 17），轮滑干预前后实验组与对照组单腿站测试得分结果详见表 2 – 27。

表 2 – 27　实验组与对照组单腿站前后测试成绩对比

测试指标	实验组				对照组			
	小 A		小 B		小 C		小 D	
	前测	后测	前测	后测	前测	后测	前测	后测
单腿站	1	3	1	4	1	1	1	2

根据表 2 – 27 的测试结果可知，轮滑干预前后实验组的单腿站测试成绩有所提升，小 A 单腿站从干预前 1 分到干预后提高至 3 分，从干预前经过努力能够抬起一条腿，保持时间不足 3 秒到轮滑干预后能够独立抬起一条腿且

保持8秒；小 B 从干预前1分到干预后提高至4分，从干预前经过努力能够抬起一条腿，保持时间不足3秒到轮滑干预后能够独立抬起一条腿且保持11秒。对照组小 C 单腿站前测1分，后测无变化；小 D 单腿站测试成绩也有所提升，从前测1分到后测提高至2分，从前测经过努力能够抬起一条腿，保持时间不足3秒到后测能够独立抬起一条腿且保持4秒。这说明轮滑干预对单腿站测试项的提高具有一定的积极作用。

7. 轮滑干预对闭眼单腿站的影响

根据静态平衡能力测试标准（表2－17），轮滑干预前后实验组与对照组闭眼单腿站测试得分结果详见表2－28。

表2－28　实验组与对照组闭眼单腿站前后测试成绩对比

测试指标	实验组				对照组			
	小 A		小 B		小 C		小 D	
	前测	后测	前测	后测	前测	后测	前测	后测
闭眼单腿站	1	2	1	2	0	1	0	1

根据表2－28的测试结果可知，轮滑干预前后实验组的闭眼单腿站测试成绩有所提升，实验组小 A 和小 B 从干预前1分到干预后提高至2分，对照组小 C 和小 D 从干预前0分到干预后提高至1分，这说明轮滑干预对闭眼单腿站立测试项有影响，但影响效果相对较小。

8. 轮滑对静态平衡的总影响

根据静态平衡能力测试标准（表2－17），轮滑干预前后实验组与对照组静态平衡前后测试总得分结果详见表2－29。

表2－29　实验组与对照组前后测试总成绩对比

测试指标	实验组				对照组			
	小 A		小 B		小 C		小 D	
	前测	后测	前测	后测	前测	后测	前测	后测
总分	11	19	12	21	11	13	11	14

根据表2－29的测试结果可知，实验组与对照组静态平衡后测成绩都有所提高，实验组小 A 干预前静态平衡测试得分11分，轮滑干预后静态平衡

测试得分 19 分；小 B 干预前静态平衡测试得分 12 分，轮滑干预后静态平衡测试得分 21 分。对照组小 C 静态平衡能力前测得分为 11 分，后测得分为 13 分；小 D 静态平衡能力前测得分为 11 分，后测得分为 14 分。从结果看，经过轮滑干预的两名实验组孤独症儿童，静态平衡能力提高显著，两名对照组孤独症儿童静态平衡能力也有提高可能是因为儿童正处于发展期，身体各项能力随着身体动作的发展有所变化。

综上所述，经过 8 周轮滑干预训练，训练后实验对象的静态平衡能力有所提升，表明轮滑训练提高了孤独症儿童的静态平衡能力。在独立站、独立坐、闭眼站、双脚并拢站、两脚前后站、单腿站、闭眼单腿站 7 项静态平衡能力测试成绩中，独立站、独立坐两项测试成绩不显著，实验组与对照组前后测成绩一致，可能与儿童自身成长与发展相关；双脚并拢站、两脚前后站、单腿站测试成绩提升较大，可能由于轮滑干预是有针对性的训练，这些测试项目融入了轮滑教学中，所以测试效果明显；闭眼站、闭眼单腿站测试成绩提升相对较小，可能由于支撑面小，重心稍有偏离，同时，闭眼站立缺乏安全感，幼儿紧张影响了测试成绩。

四、结论与建议

（一）结论

（1）为期 8 周的轮滑干预对孤独症儿童静态平衡能力有改善和提高，轮滑干预对孤独症儿童静态平衡能力的发展具有促进作用。实验组 2 名干预对象在干预中与干预后静态平衡能力各项测试成绩都有所提高；对照组静态平衡能力前测与后测无明显变化。

（2）在轮滑干预之前的自身静态平衡能力，对静态平衡能力干预效果有影响。若干预前静态平衡能力较强，干预后测试成绩有提升且较稳定；若干预前静态平衡能力较弱，干预后测试成绩提升较大，但不太稳定。

（3）干预对象的年龄对干预效果有影响。就干预效果来看，年龄相对大一点的小 B，腿部较有力量、对身体的控制能力相对较好，相较于其他干预对象干预效果较好；年龄较小的儿童，正处于动作发展关键期，静态平衡能力提升较快。长期干预效果有待进一步验证。

（二）建议

（1）干预前应做好充分准备工作，对干预对象的基本情况进行充分了解，根据课程标准及干预对象具体情况，制定有针对性的轮滑干预课程内容，让轮滑干预发挥更好的效果。

（2）干预对象在干预前静态平衡能力相近，干预中及时与干预对象的家人、老师沟通，了解其在干预课程之外静态平衡能力的变化，以及参与其他体育活动的情况，控制实验对象在干预中其他活动对其静态平衡能力的影响，保证实验测试结果的准确性。

（3）增强对干预对象腿部力量，髋关节、踝关节的锻炼，使其能更好地控制身体重心，保持身体平衡。长时间的轮滑干预效果可能不同。

第三章
孤独症儿童社会适应能力实证研究
——以适应性篮球为例

第一节　适应性篮球对孤独症儿童
沟通行为影响的个案研究

一、实验对象

表 3 - 1　实验对象一览表

名字	SLT
性别	女
年龄	9 周岁
学校	湖南省长沙市特殊儿童培训学校
干预前症状	SLT 在 4 周岁时经湖南省长沙市精神卫生鉴定中心鉴定为孤独症，在干预之前用儿童孤独症 CARS 量表测试分数为 33 分，属轻 - 中度孤独症，韦氏儿童智力量表测试智商分数为 82 分。
强化物调查情况	强化物调查显示，在学校环境中，SLT 最喜欢绘画；在家庭环境中，SLT 最喜欢玩手机。在体育方面，其肢体动作十分协调，喜欢轮滑、篮球，但不愿参与体育课上的集体活动。

（续表）

主动沟通行为情况	该名患儿说话很早，在 8 个月内就能说出"爸爸"和"妈妈"的称谓。语言发展相对正常。虽然有些词语言表达不清楚，但是可以表达出来，只是有点不够流利，像口吃的症状一样，说一句话通常需要很大的努力。当用于表达自己的要求时，可以直接使用长而不完整的单词或句子；当用于表达自己拒绝时，使用愤怒、尖叫和"不，不"等简单的词语；当用于吸引其他人的注意力时，使用单个的单词或简单的短句，如"啊，妈妈"或"快看"；当用于回答简单的问题时，可能会用手指头来回答"在哪里"和其他的问题，也就是可以直接使用相对简单的句子。在孤独症的社交中，简单的口语交谈也是很有可能的，但是诸如微笑、点头和一个手势等简单的肢体表达语言相对很少被人们使用。她最大的问题不是她的语言能力，而是她在外人面前缺乏积极主动的沟通交流的动机和沟通行为。她虽然可以主动与她的家人进行沟通，但她从不主动与他人进行沟通。无法和他人开始或维持一段交谈，在参加活动的时候她不愿意与其他小朋友交流，当有小朋友向她招手的时候她没有进行肢体语言回应，在活动过程中，老师和她进行肢体语言互动击掌，她也不愿意与老师互动，因此，从 8 岁入学开始，一直由家人陪读。

二、测量指标

此次研究主要选取的测量指标有基本沟通行为（包括要求行为、拒绝行为、引人注意行为），言语表达能力（回答问题、要求说明、提出问题），社交性沟通行为（眼神传递、声音回应、肢体语言传递），通过观察以上指标的变化情况以及次数来为研究提供数据理论支撑。

三、实验设计

干预方法为一对一篮球课程教学。由于涉及孤独症患儿对熟悉的人、物、环境有一定的依恋性，因此干预地点选择患儿之前所参加过培训的长沙师范学院篮球馆，进行适应性篮球课程干预，测量者及实验者都由授课老师担任。同时要求孤独症患儿在适应性篮球游戏教学干预期间，保持原有的其他篮球游戏教学不变，不要参加其他的培训或任何干预，不要服用其他的药物。

首先，为孤独症患儿设计适应性篮球系统课程，利用娱乐性、趣味性极强的篮球游戏及篮球基本动作对患儿进行重复的动作训练，循序渐进地增加患儿的运动量，同时建立起患儿的兴趣以及与教师、同伴、家长之间的交流联系。

其次，通过增加不同篮球游戏和不同篮球动作使训练难度增加，通过与他人的肢体接触变多来帮助患儿与他人之间建立沟通交流的基本思维和意识，同时帮助患儿提高身体动作的协调性，为患儿接受社会行为准则作了良好的铺垫。

最后，引入集体参与篮球游戏的项目以及患儿集体动作的训练两个环节，强化患儿自身的身体交流动作、手势和语言的沟通等。在这一实验干预阶段，研究者主要根据孤独症个体的心理特点需求来合理安排其教学内容与其同伴，尽量地使教学活动更好地符合孤独症患儿的兴趣爱好、个性与其行为水平。具体课程设计内容如表3-2所示。

表3-2 适应性篮球设计一览表

课时	阶段	课程形式	授课内容	课程目标
2	第一阶段	集体教学	观看篮球视频，认识篮球	①观摩和体验来让小朋友对篮球有一定认知，对篮球产生兴趣；②老师提问，要求小朋友们作答，锻炼小朋友的观察能力及言语表达能力。
			观看教师拍、运篮球等技术动作，学生体验	
6	第二阶段	一对一教学	学习原地双手拍球	①掌握基础的拍球动作熟悉球性，并通过双手拍球和单手拍球来提高小朋友的注意力；②通过交叉拍球锻炼小朋友上肢协调能力；③拍球过程小朋友报数，提高小朋友言语表达能力。
			巩固原地双手拍球，学习原地单手拍球	
			巩固原地单手拍球，学习原地交叉拍球	

（续表）

课时	阶段	课程形式	授课内容	课程目标
6	第三阶段	一对一教学	巩固原地交叉拍球，学习行进间双手运球	①掌握篮球基础动作，并提高小朋友运动能力； ②师生互动，通过击掌、打招呼等方式，提高肢体语言表达能力； ③改善小朋友手眼协调能力，有助于小朋友注意力集中。
			巩固行进间双手运球，学习行进间单手运球	
			学习胯下运球，巩固之前所学	
4	第四阶段	一对二教学	学习原地抛接球	①小朋友互动教学，让其掌握传接、抛球基础动作，来提高小朋友的沟通交流能力； ②通过传接、抛球训练加强眼神传递、声音回应的次数，进而提高其社交性沟通能力。
			学习原地双手传接球	
			巩固原地双手传接球，学习行进间双手传接球	
			巩固之前所学内容	
4	第五阶段	一对多教学	学习投篮、上篮动作	①学会基础的投篮和上篮动作以及拓展技术动作； ②开展篮球体能大循环，提高小朋友的耐力、爆发力以及培养小朋友坚韧不拔的良好品质； ③开展亲子篮球活动，促进家庭关系和睦，通过游戏关卡促进其基本沟通行为能力提高。
			巩固投篮、上篮动作，进行篮球体能大循环	
			进行亲子篮球活动	
			巩固所学内容	
2	第六阶段	集体教学	篮球基础动作考核，进行体能大循环，开展篮球亲子活动	①考核之前所学的动作内容，增强他们的信心和勇气； ②以活动的形式开展，培养他们对运动的热爱； ③通过师生以及小朋友之间的互动提高其主动沟通能力。

四、实验过程

（一）基线期

这一阶段在研究者进行本次的实验干预之前，首先对孤独症儿童在家里的基本情况以及沟通的行为用专业量表的方式进行评估，评估量表由患儿的家人填写。此次评量的工具为孤独症儿童基本沟通行为评量表，量表的功能是对孤独症儿童六个行为方面的沟通行为进行评估，具体包括提出要求的行为、拒绝的行为、引人注意的行为、回答问题、要求说明、社交性的沟通，每个行为方面有若干个行为选项，能够清楚详细地反映和显示出孤独症儿童的基本沟通习惯以及行为的特征。

对孤独症儿童在校期间的主动沟通的行为进行深入的观察和研究，观察的沟通行为内容主要包括孤独症儿童的主动口语的沟通和手势体态语言、动作表情、肢体语言和动作等各种体态手势语言的主动沟通交流。在这个观察和研究的阶段不会对患儿进行其他任何形式的主动沟通干预，仅仅是记录患儿主动口语沟通干预行为的次数。

（二）介入期

在介入期进行篮球游戏和篮球基本动作训练干预，干预的地点是在室内篮球场和室外篮球场，进一步增加了患儿与他人进行主动口语沟通的行为。在所参与设计的各种篮球大循环游戏和基本的动作表情语言训练中，训练的内容主要包括如何利用患儿的口语或体态的语言表达患儿的要求、表达拒绝、引人注意、回答患儿的问题、请求患儿提供帮助、打招呼等主动与患儿沟通的行为。如在各种篮球游戏和体能大循环的游戏中，要求指挥者合作的同伴首先互相微笑，然后向指挥者问好；要求指挥者首先喊口令"准备""开始"，继而向指挥者的合作同伴发出"传球、跳、加速、击掌、转弯、拍球、快点"等语言指示；引导患儿进行否定或拒绝的"不对、不行、错了"等指示；引导患儿在不知如何应对时向老师寻求帮助的语言或行为，如"谢谢老师，请问该怎么办？"以及"说声谢谢"等礼貌用语；在引导患儿的过程中，教师可以利用前面所述的各种教育干预策略和方法来有效激发与患儿的主动沟通和行为。

介入期为 56 天，每 7 天 3 次，每次 45～60 分钟。研究者对患儿在每次课中表现出来的主动介入沟通和行为维持期的情况都做好了详细的记录。在介入期结束后，我们利用孤独症儿童基本的沟通和行为维持期评量表对患儿SLT的主动沟通和行为维持期进行评量。

（三）维持期

第一阶段的干预介入期结束后，对于患儿的维持期进行了10天的观察，观察的方法同基线期，以观察其主动的沟通和行为情况。并在沟通行为维持期结束时再次用孤独症儿童基本的沟通和行为维持期评量表对患儿SLT的主动介入沟通和行为维持期进行评量。

五、研究结果与分析

（一）SLT 基本沟通行为测量指标次数变化

观察次数分别为基线期7次、介入期25次、维持期10次，从图3-1可看出，患儿的基本沟通行为中要求行为、拒绝行为、引人注意行为次数在基线期最低值分别为0次、1次、0次，最高值分别为3次、5次、2次，均值（测量次数之和/观察次数）分别为1.43次、3.43次、0.86次，基本呈稳定的低值。

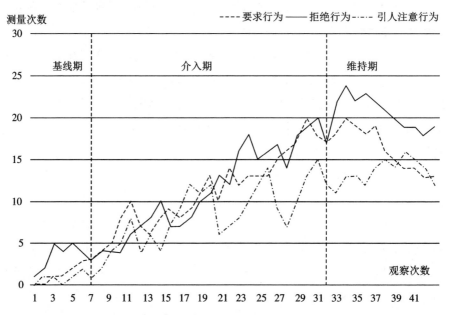

图3-1 基本沟通行为测量指标次数变化图

患儿的要求行为、拒绝行为、引人注意行为次数在介入期呈现上升趋势，从最开始的均值1.43次、3.43次、0.86次分别上升至11.8次、12.12次、8.76次，这说明适应性篮球课程干预明显增加了患儿的基本沟通行为次数。

在维持期，患儿要求行为、拒绝行为、引人注意行为测量次数趋于稳定，在维持期的均值分别为16.1次、20.7次、13.8次，从图3-1能看出介入期过后整体幅度虽然有下降，但下降幅度不大，这说明患儿经干预后表现出的基本沟通行为次数得到了较好的维持，反映出适应性篮球对改善孤独症儿童基本沟通行为效果明显。

（二）SLT言语表达能力测量指标次数变化

从图3-2可看出，患儿的言语表达能力中提出问题、回答问题、要求说明测量次数在基线期最低值分别为0次、1次、0次，最高值分别为2次、8次、2次，均值（测量次数之和/观察次数）分别为1次、4.71次、1.29次，基本呈稳定的低值。

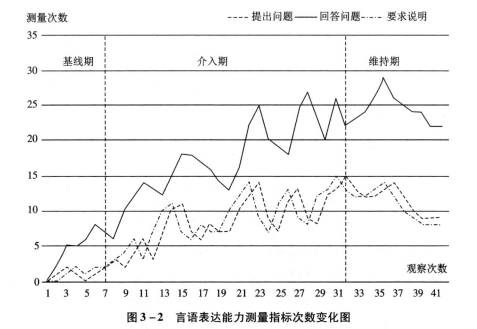

图3-2　言语表达能力测量指标次数变化图

患儿提出问题、回答问题、要求说明测量次数在介入期呈现上升趋势，从最开始的均值分别上升至 8.56 次、17.64 次、8.76 次，这说明适应性篮球课程干预明显增强了患儿的言语表达能力。

在维持期，患儿提出问题、回答问题、要求说明测量次数趋于稳定，均值分别为 11.3 次、24.5 次、12.1 次，从图 3 - 2 能看出介入期过后测量次数整体幅度虽然有下降，但下降幅度不大，这说明患儿经干预后表现出的言语表达能力得到了较好的维持，反映出适应性篮球对改善孤独症儿童言语表达能力效果明显。

（三）SLT 社交性沟通行为测量指标次数变化

从图 3 - 3 可看出，患儿的社交性沟通行为中眼神传递、声音回应、肢体语言传递测量次数在基线期最低值分别为 2 次、0 次、0 次，最高值分别为 12 次、4 次、3 次，均值（测量次数之和/观察次数）分别为 6.43 次、1.57 次、1.29 次，基本呈稳定的低值。

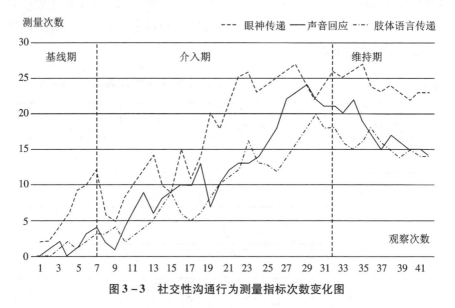

图 3 - 3　社交性沟通行为测量指标次数变化图

患儿社交性沟通行为中眼神传递、声音回应、肢体语言传递测量次数在介入期呈现上升趋势，从最开始的均值分别上升至 7.84 次、12.6 次、10.12 次，这说明适应性篮球课程干预明显增强了患儿的社交性沟通行为。

在维持期，患儿社交性沟通行为中眼神传递、声音回应、肢体语言传递测量次数趋于稳定，均值分别为 24 次、17 次、15.3 次，从图 3 - 3 能看出介入期过后测量次数整体幅度虽然有下降，但下降幅度不大，这说明患儿经干预后表现出的社交性沟通行为得到了较好的维持，反映出适应性篮球对改善孤独症儿童社交性沟通行为效果明显。

（四）篮球技能干预前后变化

表3-3清楚反映出患儿参加了适应性篮球课程后，篮球技能得到了明显的提高，且通过拍球、传接球、抛接球、运球等技能项目的提高侧面反映出患儿的注意力、观察模仿能力、记忆学习能力得到了显著提高。

表3-3　篮球技能测量数据一览表

	双手拍球（个）	单手拍球（个）	原地交叉拍球（个）	双手运球（米）	单手运球（米）	交叉运球（米）	抛接球（分数）	传接球（分数）	行进间双手传接球（分数）	投篮（个）	上篮（个）
前测	15	10	6	5	×	×	0	2	1	×	×
后测	100	80	50	20	10	6	3	10	7	3	5

（注：传接球评定标准为无接球、传球意识记0，看球但接不住记1，伸手但接不住球记2，胸、手臂一起接住球记3，双手接住球记4，双手主动前伸接住球记5。球传出30cm内记1，50cm内记2，100cm内记3，150cm内记4，200cm及以上记5。抛接球评定标准为无抛接球意识记0，抛出无接球意识记1，抛出但接不住记2，抛出能接住球记3。）

（五）SLT主动沟通行为功能、形式与内容变化

通过表3-4能够观察出，基线期孤独症儿童的主动沟通行为功能主要是以需求为主，其次是引起注意。在表达的形式上，孤独症儿童可以用简单的句子表达他的需求，但是他们更多的是用手指、抓、推、挠等，有时候也会用跺跺脚、哭泣或惩罚自己的行为表示。

在介入期，孤独症儿童的主动沟通行为功能呈现出上升趋势，在这之中发展比较好的是表达自己的需要或请求、拒绝或抗议、吸引注意、问候和再见，表达意见和寻求信息的功能行为增加不显著。在表达形式上，患儿基本上都可以用更多的语言来表达自己的需求，但是当句子相对过长时，就会出现表达不完整的情况。他们可以服从简单的指令，不会再出现跺脚、踏地

板、跺跺脚、哭泣和惩罚自己的行为。可以使用点头和问候等手势，表达他们对于自己喜欢事情的愿望，但只能使用简单的短语。例如"什么东西""能够这样吗"等，语句长度的增加比较缓慢。维持期与介入期比较变化不够显著。

表 3-4　主动沟通行为设计一览表

	主动沟通行为功能	主动沟通行为形式与内容
基线期	请求、需求帮助较多；拒绝、抗议次之；引起注意少；有时候会有寻求信息的行为功能。	偶尔能够直接使用一些简单的表达语句，如"我要手机""谢谢你"等，能够听从简单的指令，用哭闹、跺脚、踏地板、大声尖叫等惩罚自己的方式来表达各种拒绝、抗议，偶尔会用各种眼神和用手指、拿、挠来表达自己的注意力和需求。
介入期	需求、请求的内容明显增加；患儿拒绝、抗议的内容明显增加；患儿注意的范围明显扩大；患儿寻求信息和行为的功能增加。	简单的信息功能语句涵盖的领域明显扩大。篮球干预使患儿终于能够重新开始关注他们不感兴趣的一件事情。体育教师可以用正确的手势表达语言和正确的口头表达语言来引导患儿表达正确的拒绝请求或者抗议。篮球干预使患儿不再用哭闹、跺脚、踏地板或大声尖叫等惩罚自己的方式来吸引注意力。篮球干预使幼儿出现了更多的寻求信息行为功能的语句。
维持期	需求、请求的内容明显增加；患儿拒绝、抗议的内容明显增加；患儿注意的范围明显扩大；患儿寻求信息和行为的功能增加。	简单的信息功能语句涵盖的领域明显扩大。篮球干预使患儿终于能够重新开始关注他们不感兴趣的一件事情。体育教师可以用正确的手势表达语言和正确的口头表达语言来引导患儿表达正确的拒绝和请求或者抗议。篮球干预使患儿不再用尖叫、跺脚、踏地板或大声叫等惩罚自己的方式吸引患儿的注意力。篮球干预使幼儿出现了更多的寻求信息行为功能的语句。

综上所述，适应性篮球课程干预可以促进 SLT 和他人的主动沟通情况，并且还可以提高基本沟通技能。在表达自己需求或请求、拒绝或抗议、问候和再见等方面得到了非常明显的提高。在维持期间，SLT 的主动沟通行为和介入期时比较，没有出现显著的变化，说明经过适应性篮球干预后，患儿的主动沟通行为变化能够得到相对较好的维持。

在经过适应性篮球课程干预之后，SLT 不仅主动沟通能力（基本沟通行为、言语表达能力、社交性沟通行为）得到了显著提升，而且认知能力也得到了相应的提高，患儿的运动能力、协调平衡能力以及对运动的热爱和信心也相应提高，她非常明显地表现出沟通交往方面的改善，口头语言增多，能够向自己的老师、同学主动地问好；能用主动微笑或者被动点头的方式来主动地回应他人的一声招呼；可以自发主动地进行一些简单的会话，并且能够与任课老师以及其他同学进行简单的沟通会话；可以直接使用简单的语言"不要、不可以"和摇摆自己的手臂等来直接表示出拒绝；在自己有需要请求或者帮助的时候，不再只是直接求助于自己陪读的教师或者家人，而是希望自己能够直接求助于教师以及同学等，渐渐地摆脱了对教师家人的依赖，降低了陪读的要求。具体如表 3 - 4 所示。

五、结论及建议

（一）结论

1. 适应性篮球对孤独症儿童基本沟通行为有显著影响，在要求行为、拒绝行为、引人注意行为的沟通行为指标上取得了明显效果，有效地改善了沟通意愿和技巧；

2. 在言语表达能力口语沟通方面相较之前有了进步，在表达信息、寻求信息方面效果不太明显，但是在需要帮助时，能够求助老师和同学，减少了对家人的依赖；

3. 在社交性沟通行为上肢体语言变得丰富，减少了问题行为，增加了与他人的肢体语言沟通，且在团体活动中更愿意表现自我；

4. 适应性篮球能有效改善孤独症儿童的运动技能，对身体协调控制能力的提高效果明显，有效改善了孤独症儿童注意力不集中的问题，培养了患儿对运动的兴趣，促进身心健康发展。

适应性篮球能够促进孤独症儿童主动沟通行为的发展，不仅增加了主动沟通行为的次数，而且改善了沟通技能。适应性篮球能促进孤独症儿童身心协同发展，收到一举多得的效果，可以作为改善主动沟通行为的有效辅助手段。

（二）建议

1. 适应性篮球虽然对孤独症患儿基本沟通行为改善效果明显，但是训练是一个系统工程，单靠培训还是不够，应该发挥好家庭功能作用；

2. 应增强孤独症儿童在表达信息、寻求信息上的能力，有的放矢地增加针对性的干预项目，对之前的干预内容进行补充或整改；

3. 父母及其他家庭成员是孤独症儿童的核心支持者，可以抓住生活中的每一个机会进行"引导式参与"，促进孩子利用一切机会学习人际交往技能。

4. 篮球干预要进行大量的适应性训练，干预对于学校的各种体育教学计划、教学内容都有一定的要求，在篮球干预中，体育教师一定要特别关注患有孤独症的儿童，多让其主动参与，让其能够做良好的沟通者。在进行适应性篮球的干预前，需要事先和儿童家长进行沟通，就篮球干预的具体内容和方式及时征求儿童家长的建议和意见，在篮球干预的进程中，也应及时和儿童的家长进行沟通，了解过程中儿童的心理变化及对于篮球干预的感受和反应。

第二节　适应性篮球对孤独症儿童
刻板行为影响的个案研究

刻板行为是指固定的方式或者动作，高频率单调地出现在日常生活中，是孤独症儿童的核心症状之一，也让孤独症儿童在日常生活中异于常人。刻板行为在较大程度上影响着孤独症儿童的日常学习与生活，对其成长发育带来了不可磨灭的伤害，从而导致其社会化进程放缓。本研究假设适应性篮球运动对孤独症儿童的刻板行为干预具有较好的改善作用。

一、实验对象

本次研究对象来自长沙县星星之家。采用刻板行为量表测试的方法从40余名孤独症儿童中选出2名孤独症患刻板行为问题突出儿童。具体行为如表3-5所示。

表3-5　实验对象情况一览表

名称	性别	年龄	程度	表现
YLL	男	6	中度异常	在日常的生活中习惯击打自己的脑袋，时不时会咬自己的指甲，喜欢待在熟悉的环境，进入陌生的环境会感到不安，时常喜欢哼唱歌曲，但不知道是什么内容，在开心的时候喜欢自言自语。
YJX	女	6	中度异常	在日常生活中习惯扣和咬自己的手指，在进入陌生环境的时候会表现出极度抗拒的情绪，非常抗拒与他人的接触，喜欢摆动自己的衣角，时常会拍打周围的人和事物。

由表3-5可知，YLL的刻板行为特征是习惯性击打自己的脑袋、咬指甲、抗拒新环境、哼歌曲、自言自语5个问题。YJX的刻板行为特征是习惯性咬手指、抗拒新环境、抵触他人接触、摆动衣角、拍打周围人和事物5个问题。

二、适应性篮球运动内容设计

从篮球运动的基本内容出发，结合小篮球运动发展规律，本实验的适应性篮球运动主要包含：篮球运动脚步、孤独症儿童的球感、运球、传接球以及投篮等。所有的授课内容均采用游戏的方式进行，并设计不同难度的学习任务和不同的学习形式。具体如表3-6。

表 3 - 6　适应性篮球运动干预内容设计

教学阶段	教学目标	教学内容	教学时间
基础阶段	1. 建立课堂常规；2. 培养孤独症儿童对篮球运动的兴趣，提高其感知能力	1. 课堂规范；2 适应性篮球的球性练习（抓球、绕球、抛接球）	2 周
强化阶段	1. 提高孤独症儿童对篮球运动的学习能力；2. 改善孤独症儿童刻板行为手段，建立社会规范	适应性篮球基本动作练习（传球、运球、抛接球、投篮）	4 周
综合阶段	1. 发展孤独症儿童互动能力；2. 改善孤独症儿童刻板行为	以游戏的方式对其采用综合教学内容	2 周

表 3 - 7　适应性篮球课程教学流程设计

课堂流程	课堂内容	时间分配
开始部分	集合整队、日常问好、行为规范	5 分钟
热身部分	模仿动作、慢跑、基本动作模仿	15 分钟
课程干预	依据教学内容划分为：1. 适应性篮球球性练习；2. 适应性篮球基本动作练习；3. 适应性篮球综合游戏	35 分钟
放松总结	韧带拉伸、行为规范、师生再见	5 分钟

三、实验结果与分析

（一）YLL 刻板行为实验结果分析

由图 3 - 4 可知，在实施干预期间 YLL 的刻板行为出现了不同程度的变化，其中 1~3 次为基线期，4~26 次为干预期，27~30 次为维基期。在干预初期，YLL 习惯性击打自己的脑袋、咬指甲、哼歌曲、自言自语等刻板行为均有明显的上升趋势，是因为 YLL 之前未接触过篮球，在接触篮球运动的时候，表现出了一定的抗拒心理。YLL 与教练之间的配合程度较低，对教练不够熟悉，也是导致该结果出现的原因。在实验内容设置方面，前面 3 次课程均以课堂常规为主以及让孩子和教练员熟悉，YLL 与教练员的关系变得亲密，使实验结果更加合理科学。从第四次课程开始 YLL 的刻板行为有了一定的改变，习惯性击打自己的脑袋的次数从原来最高的 38 次降到了 34 次，咬指甲的次数从原来最高的 28 次降到了 25 次，哼歌曲的次数从原来最高的 31 次降到了 21 次，自言自语的次数从原来最高的 38 次降到了 36 次。通过为期 2 个月的干预，YLL 的四种刻板行为在 4~9 次课程中下降的程度最为明显，但在之后的干预活动中，次数下降放缓，其中自言自语的次数还有上升的趋势。主要原因来自干预前期 YLL 从对篮球运动不熟悉，到熟悉该项运动，也愿意参与到干预的活动中，所以在前期的干预活动中 YLL 的刻板行为次数下降明显，但到后期因规范教学以及适应性篮球课程的难度加大，YLL 出现了不配合的情况，导致在行为过程中下降的趋势放缓，且还有部分行为次数增加，但到后期课程，YLL 基本适应了该项干预活动，其刻板行为的次数也出现了平稳发展的态势。在维基期测试的 YLL 的刻板行为也出现了平稳的态势。

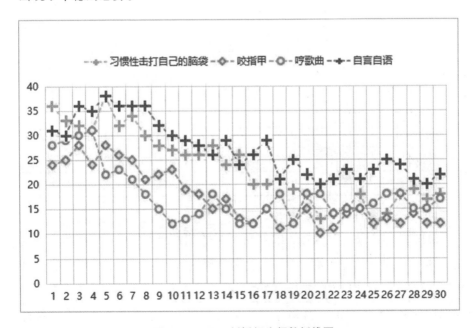

图 3-4　YLL 刻板行为频数折线图

　　综上所述，适应性篮球运动对 YLL 的刻板行为干预具有较强的改善作用，其中具体表现为习惯性击打自己的脑袋的次数从原来最高的 36 次降到了 18 次，咬指甲的次数从原来最高的 24 次降到了 12 次，哼歌曲的次数从原来最高的 28 次降到了 15 次，自言自语的次数从原来最高的 31 次降到了 20 次。其中习惯性击打自己的脑袋与咬指甲的次数下降较为明显，这与干预活动内容呈现一定的相关性，在干预过程中需要其多次用手去拍球，去接触篮球，减少了用手去做其他的事情。从以上具体的数据可知，适应性篮球运动对 YLL 的习惯性击打自己的脑袋、咬指甲、哼歌曲、自言自语等刻板行为具有较好的改善作用。

由表 3-8 可知，YLL 的习惯性击打自己的脑袋的平均次数从基线期的 34 次，到干预期下降到 24 次，到维持期的 18 次；咬指甲的平均次数从基线期的 26 次，到干预期下降到 17 次，到维持期的 13 次；哼歌曲的平均次数从基线期的 29 次，到干预期下降到 17 次，到维持期的 17 次；自言自语的平均次数从基线期的 33 次，到干预期下降到 28 次，到维持期的 22 次。整体来看，YLL 的刻板行为的频数在逐渐减少。

表 3-8　YLL 刻板行为平均值、标准差一览表

刻板行为	基线期		介入期		维持期	
	平均数	标准差	平均数	标准差	平均数	标准差
习惯性击打自己的脑袋	32.25	0.00	24	2.80	18	0.5
咬指甲	26	0.00	17	2.55	13	0.5
哼歌曲	29	0.00	17	3.06	17	1
自言自语	33	0.00	28	1.66	22	0.5

（二）YJX 刻板行为实验结果分析

由图 3-5 可知，在实施干预期间 YJX 的刻板行为出现了不同程度的变化，其中 1~3 次为基线期，4~26 次为干预期，27~30 为维基期。在干预初期，YJX 的习惯性咬手指、抵触他人接触、摆动衣角、拍打周围人和事物等刻板行为均有明显的上升趋势，是因为 YJX 之前未接触过篮球，在接触篮球运动时候，表现出了一定的抗拒心理，和教练之间的配合程度较低，对教练不够熟悉，导致该结果的出现。在实验内容设置方面，前面 3 次课程均以课堂常规为主以及让孩子和教练员熟悉，YJX 与教练员的关系变得亲密，

从而让实验结果更加科学合理。从第四次课程开设适应性篮球运动干预课程开始，YJX 的刻板行为有了一定的改变，习惯性咬手指的次数从原来最高的39 次降到了 30 次，抵触他人接触的次数从原来最高的 35 次降到了 24 次，摆动衣角的次数从原来最高的 40 次降到了 24 次，拍打周围人和事物的次数从原来最高的 46 次降到了 26 次。通过为期 2 个月的干预，YJX 的四种刻板行为在 4～13 次课程中下降的程度最为明显，但在之后的干预活动中，下降趋势放缓。直至课程后期，YJX 基本上适应了该项干预活动，其刻板行为的次数也出现了平稳发展的态势。在维基期测试的 YJX 的刻板行为也出现了平稳的态势。

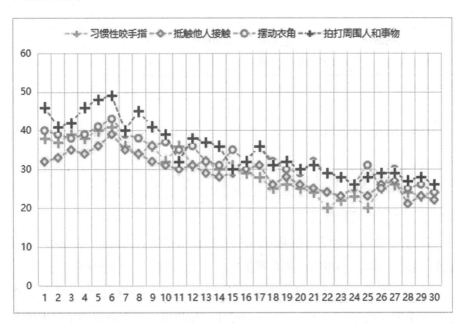

图 3-5　YJX 刻板行为频数折线图

由表 3-9 可知，YJX 的习惯性咬手指平均次数从基线期的 38 次，到干预期下降到 29 次，到维持期的 24 次；抵触他人接触平均次数从基线期的33 次，到干预期下降到 31 次，到维持期的 23 次；摆动衣角平均次数从基线期的 39 次，到干预期下降到 35 次，到维持期的 26 次；拍打周围人和事物平均次数从基线期的 43 次，到干预期下降到 36 次，到维持期的 28 次。整体来看，YJX 的刻板行为的频数在逐渐减少，只有抵触他人接触的频数下降缓慢，但在维持期的时候，相比干预前下降的次数较为明显，在与家长沟通后得知，每次授课接触后 YJX 摆动衣角的次数明显降低，特别是课程结束后，该行为得到了持续的改善，梳理视频发现，因 YJX 在上课有习惯性的抓球和衣角的习惯，导致在干预期该刻板行为次数下降不明显，但在课程结束后，在另外的环境中该行为得到了较好的改善。在基线期的标准差为 0，也说明适应性篮球运动对 YJX 的干预是有效的。

表 3-9　YJX 刻板行为平均值、标准差一览表

刻板行为	基线期		干预期		维持期	
	平均数	标准差	平均数	标准差	平均数	标准差
习惯性咬手指	38	0.00	29	1.90	24	0.5
抵触他人接触	33	0.00	31	2.66	23	0.5
摆动衣角	39	0.00	35	1.80	26	1
拍打周围人和事物	43	0.00	36	1.94	28	0.5

四、结论与建议

（一）结论

1. 适应性篮球运动对改善 YLL 的习惯性击打自己的脑袋、咬指甲、哼歌曲、自言自语的刻板行为有积极的影响且效果显著。

2. 适应性篮球运动对改善 YJX 的习惯性咬手指、抵触他人接触、摆动衣角、拍打周围人和事物的刻板行为有非常大的作用且效果显著。

3. 适应性篮球运动对改善孤独症儿童的刻板行为具有良好的效果，其中效果最明显的是习惯性击打自己的脑袋、咬指甲、自言自语、拍打周围人和事物等刻板行为，但在抵触他人接触、摆动衣角等刻板行为方面，干预期效果不明显，但在维持期的效果较好。

4. 本实验的观测采用的是同一地方实验，无法验证孤独症儿童抗拒新环境的行为表现，所以未对此进行深入的分析讨论。

（二）建议

1. 孤独症儿童康复是一场马拉松比赛，需要进行长期观察和干预，在后期的干预中还需要家长以及机构教师，采用多种手段对其进行干预，且针

对某一刻板行为进行为期 1～2 年的干预期限，从而最终改善孤独症儿童的刻板行为。

2. 孤独症儿童的刻板行为观察具有一定的随机性，在后续的实验中应采用多种评价手段对其刻板行为进行综合测评。

3. 在实验过程中需要时刻注意孤独症儿童的行为，保障其安全，在干预期间最大限度地采用情景教学法和游戏教学法，从而保障实验的有效性。

第四章
交互式身体活动对孤独症儿童影响研究

第一节　交互式身体活动概述

一、交互式身体活动内涵

交互式身体活动是基于体感游戏开发而来，体感游戏在国内外称谓繁多，国外称谓包括 Interactive Game（交互式电子游戏）、Active Video Games（运动电子游戏）、Exergame（锻炼游戏）、Exercise Video Games（锻炼电子游戏）、Motion-Based Touchless Games（非触摸动作游戏）或 Motion-Based Touchless Interaction（非触摸动作互动）等；国内称为交互式电子游戏、运动电子游戏、动作电子游戏、体感游戏等。

现有体感游戏干预方案缺乏目标干预体系设计，在训练内容方面对孤独症儿童缺乏针对性，可从以下方面改进，如：体感游戏的选择没有考虑孤独症儿童的特点和个性差异，需要根据他们的能力和特点进行选择，同时动态调整学习和练习内容的难度；在实施方面，需根据他们的能力和特点决定教学组织形式和结构化设计形式；在教学策略方面，需要针对性应用不同教学方法、提示和强化类型、教学材料，分配学习时间；多是纯粹的身体活动训练，缺乏社交互动元素的开发，未能充分利用人机交互这一兴趣点开展人际交互，需基于心理学和教育学理论优化设计。

交互式身体活动干预具有低成本、低风险、无副作用的特性，预期对孤独症儿童体质、执行功能和社交技能具有积极改善效果，是孤独症个体回归主流的有效手段和路径。而交互式身体活动方案的科学构建与实施是实现预期效果的保障。为了保证交互式身体活动方案的科学性和有效性，本研究基于孤独症儿童的能力和特点，通过理论文献梳理和实地考察，从交互式身体活动方案的理论依据、目的、内容和实施四个方面，构建适合孤独症儿童的交互式身体活动方案。

二、交互式身体活动内容选择原则

通过对孤独症儿童的身体动作技能、身体活动参与、认知能力发展、社交技能和语言发展水平的研究发现，该群体长期身体活动不足，缺乏环境刺激、自我概念薄弱、语言表达和语言理解能力低下、缺乏社交动机、社交沟通能力弱、情绪问题普遍、缺乏游戏技巧、难以理解游戏规则等，会出现兴趣狭隘，难以遵循社交规则，自理能力低，大、小肌肉发育迟缓等症状。因此，在构建交互式身体活动方案时，内容的选择应考虑趣味性、全面性、难度适宜性原则，以适合孤独症儿童的动作、认知、语言、社交发展水平，在此基础之上提出适度挑战，在教学内容方面给予孤独症儿童全面性或广泛性支持。

（一）趣味性原则

研究者前期观察发现，与健全儿童相比，孤独症儿童兴趣匮乏且奇特，他们缺乏想象力，难以理解抽象语言、注意力等缺陷会导致模仿能力弱；他们通常会对一些细节特别关注，如车轮、瓶盖等，有些个体还对塑料袋、门锁、电风扇等产生奇特兴趣；他们对环境变化适应能力弱，希望环境一成不变，否则容易焦虑不安；在学习新内容或进行新活动时，他们通常比较抗拒。因此，教学内容的选择必须体现以学生为中心，具有趣味性，能够迎合孤独症儿童的喜好和认知特点，同时结合灵活的教学策略、简单易懂的语言、直观形象的示范，最大限度地激发孤独症儿童的学习兴趣，才能够达到预期学习效果。

（二）全面性原则

孤独症儿童的运动技能发展普遍落后于健全儿童，病情越重，运动技能的缺陷就越明显。一般来说，孤独症儿童粗大运动和精细运动方面均落后于健全儿童，如姿势控制、走、跑、跳、手眼协调、双手配合等。相较于同龄健全个体，由于自身缺陷和环境因素，导致孤独症儿童长期缺乏身体活动，精细运动和粗大运动方面表现为反应缓慢、行动不灵活、动作不协调、肌肉力量弱、平衡能力差等。因此，交互式身体活动内容应体现全面性，包括上肢、下肢，以及上下肢组合运动，调动全身肌肉参与，发展动作技能的同时，确保达到中等以上身体活动强度，实现强身效益。

此外，交互式身体活动应体现身体活动的社交训练功能，促进孤独症儿童的身心全面发展，实现全面健康促进和回归主流的干预目的。人际互动是提高社交技能的重要途径，因此，有组织的小组身体活动可以给孤独症儿童提供真实、立体的人际环境体验，是社交技能发展的土壤。孤独症儿童个体特征、小组身体活动融入感、社交技能发展是影响小组身体活动效果的重要因素。由于孤独症个体社交技能缺陷，在进行小组身体活动之初，他们内心会比较紧张和抵触，但是随着身体活动的规律进行，紧张感逐渐消除。在身体活动互动中学会分享、熟悉轮流等团队游戏规则后，社交技能会随之提升，逐渐变得有耐心、更镇定，亲社会行为也逐渐发展。个体特征会影响身体活动的融入程度，有的孤独症儿童易于接受小组身体活动，有的则十分抗拒。随着社交技能的改善，孤独症儿童也会更乐于参与小组互动。

（三）难度适宜性原则

由于孤独症个体年龄、性别、身心障碍（运动技能缺陷、注意力缺陷、刻板行为及兴趣狭隘）的严重程度不同，教学内容的难度应因人而异。教学内容的难度既不能太高，也不能太低，应让孤独症儿童具有参与感和融入感，难度过高会导致挫败感和情绪问题，从而失去对活动的兴趣，难度太低会导致注意力涣散，难以进步；教学中还应配合相应的提示策略，等级从高到低，根据儿童的能力给予相应的提示；在任务完成方面，对于能力不同的儿童也应提出不同的要求，对于能力弱的儿童，只要有"尝试完成"的意愿，就可以给予赞美和奖励，而对于能力较好的儿童，需要高质量完成才可以给予赞美和奖励，也可以通过增加成功完成次数来增加难度；在任务要求方面，可根据儿童的能力差异，要求儿童以指认、说出等不同形式来完成任务。最近发展区理论认为，当训练内容的难度超越儿童最近发展区的临界点时，儿童参与训练的效果和积极性会受到影响。因此，对于动作技能发展水平低、互动意识差、注意力短暂涣散的孤独症学前儿童，交互式身体活动应以简单的上肢或者下肢活动为主，并给予必要的分解和辅助，尽量选择认知要求低、视觉刺激丰富、有趣的交互式身体活动实施教学，以激发参与动机。对于动作技能发展水平较好、互动意识和注意力稍好的个体，可以选择节奏快、上下肢结合、认知要求较高的体感游戏进行训练。

第二节　交互式身体活动创编——适应性轮滑活动

一、轮滑式交互性身体活动内涵

轮滑式交互性身体活动是指以轮滑与游戏相互结合的方式上课。如：基础滑行捡桩、跨越障碍、儿童相互传轮胎、儿童竞赛抢球、儿童轮滑桩投准、儿童开火车等。在教学过程中需要关注孤独症儿童与老师和孤独症儿童与孤独症儿童之间的社交训练，如：玩游戏时要学会等待、回应别人的邀请并主动邀请别人加入、在开火车等游戏中团结合作并回应对方、有竞争意识与回应对手的进攻、鼓励队友并回应别人的鼓励、表扬赞扬别人并回应别人的表扬和随机社交训练，根据儿童的特征和语言能力随机进行社交训练（教学目标是通过轮滑项目改善孤独症儿童的社交缺陷，增强其在生活中的社交能力）。

二、轮滑式交互性身体活动设计

根据论文《自闭症学前儿童交互式身体活动方案的构建与实证研究》和专著《幼儿轮滑》中的相关内容，为 4 名孤独症儿童设计出为期 12 周的交互式身体活动的教学内容，如表 4–1 所示。

表 4 – 1　轮滑运动教学内容

周次	轮滑课程内容	教学目的	教学方法
第 1 周	1. 儿童熟悉新场地和教练、观看轮滑视频、体验穿护具和轮滑 2. 学习八字站立、原地踏步和原地蹲起（垫子）	熟悉教学环境，喜欢轮滑，能够轮流等待、赞美他人并注意到周围他人的活动	轮流邀请儿童体验穿护具和轮滑鞋并获得儿童回应，让他们相互鼓励并赞美
第 2 周	1. 学会如何穿脱护具和轮滑鞋 2. 复习八字站立、原地踏步和原地蹲起（垫子）	能初步操控自己的身体和抬脚，在练习中能够听懂日常生活中的大多数指令	在轮流练习中观察儿童对教师的声音是否有反应及是否能听懂，教师能够鼓励、赞美并获得儿童回应
第 3 周	1. 学习保护动作摔跤与起立：垫子上向前摔跤、向侧摔跤、起立 2. 听口令练习摔跤与起立	能够勇敢，不怕摔跤以及能够正确地摔跤起立，能够两人合作完成，能以恰当的方式回应他人且能引导他人注意	让儿童两人一组、合作进行摔跤练习，赞美队友并能够引起他人的注意
第 4 周	1. 学习在垫子上行进间踏步、踏步绕桩 2. 复习保护动作摔跤与起立	能操控大腿，并且能控制一段时间，能理解简单的游戏规则或活动规则	分组练习，通过相互击掌后再出发进行行进间的踏步和绕桩，要轮流等待并给其他人鼓励
第 5 周	1. 复习行进间踏步、踏步绕桩（地面） 2. 学习基础滑行捡桩 3. 学习跨障碍物	能操控大腿，并且能控制一段时间，能理解简单的游戏规则或活动规则并能读懂他人肢体动作或手势所表达的含义	分组练习，通过相互击掌后再出发进行行进间的踏步和绕桩让儿童理解击掌的含义，并能够轮流等待并给其他人鼓励
第 6 周	1. 基础滑行捡桩练习 2. 跨越障碍物 3. 学习儿童相互传轮胎	加强手眼协调能力，能注意到他人的肢体动作或手势、能够遵守简单的游戏或活动规则	进行捡桩练习时，能注意到教师的手势（例如：指哪个方向就捡哪边的）且能够遵守规则

（续表）

周次	轮滑课程内容	教学目的	教学方法
第7周	1. 基础滑行捡桩练习 2. 儿童相互传轮胎 3. 学习儿童竞赛抢球	加强基础滑行能力，能邀请他人加入自己的活动或游戏中和愿意参与他人的游戏或活动	在互传轮胎和儿童竞赛抢球时能够参与到游戏活动中来，并能够接受别人的邀请参与竞赛
第8周	1. 跨越障碍物 2. 儿童竞赛抢球 3. 学习儿童轮胎迷宫	掌握重心，调节身体形态，当要求没被满足时能不发脾气、能够邀请别人一起竞争	在儿童竞赛抢球失败时，引导儿童不能够发脾气，并能够遵守规则完成轮胎迷宫
第9周	1. 儿童竞赛抢球 2. 儿童轮胎迷宫 3. 学习儿童轮滑桩投准	能够很好地控制鞋子、控制身体平衡，在游戏活动时能够自发地去与其他儿童互动，并且能够和别人共同合作、共同竞争，遵守比赛的规则	能在轮滑投桩游戏的帮助下进一步加强儿童的社交技能，在教师的督促下能较好地完成每个游戏
第10周	1. 儿童轮滑桩投准 2. 学习儿童开火车	加强对身体的控制，提高平衡性，在游戏活动时儿童与其他儿童增加互动，开火车时让他们能够和别人共同合作，遵守游戏规则	通过随机结合成几人小火车加强与其他儿童的互动次数，提高社交技能
第11周	1. 儿童轮滑桩投准 2. 儿童开火车	进一步提高社交技能，在活动时儿童与其他儿童增加互动，开火车滑行增加儿童和别人的随机互动，提升随机性	通过随机结合成几人小火车加强与其他儿童的互动次数，进一步提高社交技能
第12周	儿童开火车	在活动时儿童与其他儿童增加互动，开火车滑行增加他们和别人的随机互动，提升随机性	通过开火车让儿童能够和其他儿童进行社交，综合提高孤独症儿童社交技能

第三节　交互式身体活动对孤独症儿童社交技能影响研究

社交技能的定义尚未统一，分为两种定义取向，一种是由魏寿洪提出，从认知与行为相结合的角度进行界定，认为社会技能包括行为技能和认知技能，即感知社会环境的能力、参与社交的动机和能力、语言和非语言的社交互动能力、社交中的自我监控和调节；另一种由周家奎提出，从社会行为结果的角度界定，个体通过学习获得社交技能后，可以适当有效地在特定的社会情形中和他人进行交往互动的能力。因为孤独症儿童在社交技能的行为和认知层面上存在障碍，所以本研究采取魏寿洪从认知和行为双重角度提出的对社交技能的定义。

一、实验设计

用单一被试实验法进行研究，在上课教师、内容、场地等其他条件都一样的情况下，对实验对象进行交互式身体活动干预。在实验前中后期邀请4名孤独症儿童各自的老师和家长填写《孤独症儿童社交技能评定量表》获取实验所需的访谈数据，观察实验中孤独症儿童社交技能的表现来获取实验所需数据，对实验前后的数据进行处理与分析，并与访谈记录进行比对得出结果。

（一）实验对象及选取

样本选取：在研究初期与长沙市特殊学校的老师接触，公开招募10名孤独症患儿，最终选取4名症状相似的孤独症儿童，4名患儿均于长沙市特殊学校就读三年级，均在同一个班级。

实验对象：实验组的儿童每周都需要参与轮滑课程，采用交互式身体活动干预。

对照对象：对照组的孤独症儿童只需要在测试当天与实验组的儿童一起进行测试。

4名孤独症儿童的基本情况如表4-2所示：

表4-2　4名被试基本情况信息表

组别	实验组		对照组	
姓名	小A	小B	小C	小D
性别	男	女	男	女
身高（cm）	145	151	153	147
体重（kg）	63	58	61	62
年龄	9	8	9	8
学校	长沙市特殊学校	长沙市特殊学校	长沙市特殊学校	长沙市特殊学校
参与者特征	在和别人交流时无目光对视，对社交互动兴趣缺乏，甚至对家人别人的问候都不予理会，分不清亲情关，对待家人和别人的态度都是同样的	对周边的事物不感兴趣，语言发育缓慢，在他人的引导下，能够模仿说出简单的字句，吐字不清。较为安静，遵守秩序	总是较长时间专注于某种或某几种游戏，经常重复一些固定刻板的动作（摇头、拍手、跺脚），甚至有头撞墙等自残行为	平时爱动，刻板语言较多，有时候会大笑和拍手，不喜欢和他人说话，与别人互动性差
强化物	可乐、球、糖果、精神鼓励	薯片、玉米、玩具熊、iPad游戏	电风扇、玩偶、积木、滑板车	彩虹糖、玩偶、炸鸡
孤独症程度	中度孤独症	中度孤独症	中度孤独症	中度孤独症

（二）实验地点、时间与课程设计

实验地点：长沙师范学院轮滑馆。

干预课时：实验组在每周日下午14：30—16：00上课，每周1次课，每次90分钟，2021年9月18日开始，2021年12月26日结束，共12次课，持续上课时间为12周。

干预课程内容：实验组在2021年9月—12月进行12周的交互式身体活动干预，以轮滑运动来进行，以轮滑与游戏相互结合的方式上课。如：基础滑行捡桩、跨越障碍、儿童相互传轮胎、儿童竞赛抢球、儿童轮滑桩投准、儿童开火车等。在教学过程中需要注意孤独症儿童与老师和孤独症儿童与孤独症儿童之间的社交训练，如：玩游戏时要学会等待、回应别人的邀请并主动邀请别人加入、在开火车等游戏中团结合作并回应对方、有竞争意识与回应对手的进攻、鼓励队友并回应别人的鼓励、表扬赞扬别人并回应别人的表扬和随机社交训练，根据儿童的特征和语言能力来随机进行社交训练（教学目标是通过轮滑项目改善孤独症儿童的社交缺陷，增强其在生活中的社交能力）。

（三）数据来源

1. 前测

实验前四周对家长和老师进行半结构化访谈，与其沟通了解孤独症儿童社交情况。用《孤独症儿童社交技能评定量表》在介入前四周每周测 1 次共测评 4 次，获得实验前得分总数据并求出均值。在自然课程下观察孤独症儿童的社交技能，不做任何干预，记录社交技能的表现。

2. 后测

实验后四周每周对 4 名干预对象进行 1 次社交技能的测试共 4 次，记录每项的最终测试成绩，并与家长和老师进行沟通，讨论儿童的社交技能并做好访谈记录。

（四）研究工具

《孤独症儿童社会技能评定量表》：由孤独症儿童的老师和家长根据儿童最近的表现填写评分，评分范围是 0 ~ 4 分，分数越高社交技能越好。在实验前后使用量表评估，通过对比干预前后的测评分数和访谈结果，说明交互式身体活动对社交技能的影响。

在前测时对社会趋向、社会认知、社会沟通、社会参与和自我调控的 4 项子功能进行测试。即社会趋向中 4 项子功能为能注意到他人的肢体动作或手势、对他人的声音有反应、能注意到周围他人的活动、能引导他人注意；社会认知中 4 项子功能为能辨认常见的肢体动作或手势、能读懂他人肢体动作或手势所表达的含义、能理解简单的游戏规则或活动规则、能听懂日常生活中的大多数指令；社会沟通中 4 项子功能为能邀请他人加入自己的活动或游戏中、能以恰当的方式回应他人、能表达情感、能赞美他人；社会参与中4项子功能为愿意参与他人的游戏或活动、能参与集体活动、能参与游戏活动、能参与自由活动；自我调控中4项子功能为当要求没被满足时能不发脾气，能够遵守简单的游戏或活动规则，在游戏或对话中能等待，在游戏或对话中能轮流。儿童没有表现该技能（从未）得0分、儿童该技能表现非常少（偶尔）得1分、儿童有时会表现出该技能（有时）得2分、儿童很多时间都会表现该技能（常常）得3分、儿童极大多数时间一直表现出该技能（总是）得4分。每次测试时记录具体行为的表现次数，并得出测试分数。对4名实验对象进行4次前测试并获得数据，再对其家长和老师进行访谈，两种方式结合对实验者的社交技能水平会有一个较为准确的测试结果。

在干预中，对社会趋向、社会认知、社会沟通、社会参与和自我调控的具体行为表现进行测试。即社会趋向上课时具体行为表现为能够注意到他人的声音次数；社会认知上课时具体行为表现为听懂游戏规则次数；社会沟通上课时具体行为表现为能正确回应别人次数；社会参与上课时具体行为表现为与其他儿童共同参与游戏次数；自我调控上课时具体行为表现为发脾气次数。对4名实验对象进行6次干预中测试并获得数据，并对数据进行分析。

（五）控制变量

本次实验的孤独症儿童均不参加其他课余体育干预活动和其他体育课程。对照组与实验组在校课程一样，对照组每周不参与交互式身体活动。

1. 自变量

交互式身体活动以轮滑课程进行，在课程中有轮滑技能的学习和游戏的介入，也有其他体育活动的融入和身体素质锻炼的练习，根据孤独症儿童的特点，在进行交互式身体活动干预的同时要和孤独症儿童进行一定的沟通、互动和鼓励，对不能完成任务的儿童要及时给予帮助。

2. 因变量

在实验对象每周按照计划进行交互式身体活动的轮滑课程时，实验过程中孤独症儿童社交技能的变化。

二、结果与分析

（一）前测测试数据分析

1. 前测社交技能总测试数据分析

用《孤独症儿童社交技能评定量表》对小 A、小 B、小 C、小 D 的社会趋向、社会认知、社会沟通、社会参与和自我调控进行了 4 次前测测试，并求均值得到实验前测的测试结果，详细结果如表 4 - 3 所示，实验前实验组和对照组的社会趋向正负值为 0.75，社会认知正负值为 0.56，社会沟通正负值为 0.44，社会参与正负值为 0.28，自我调控正负值为 0.75，社交技能总分正负值为 3.00。由此可看出实验前实验组和对照组社交技能并无明显差别，社会趋向、社会认知、社会沟通、社会参与、自我调控五项子功能测试数据较接近。

表 4 - 3　前测社交技能总测试数据

组别	姓名	社会趋向	社会认知	社会沟通	社会参与	自我调控	社交技能（总分）
实验组	小 A	14.50	13.00	14.75	12.75	13.25	68.25
	小 B	15.25	13.25	14.50	13.50	13.25	69.75
对照组	小 C	15.75	14.00	15.25	13.50	14.25	72.75
	小 D	14.50	13.00	14.75	12.75	13.25	68.25
均值		15.00±0.75	13.31±0.56	14.81±0.44	13.13±0.28	13.50±0.75	69.75±3.00

2. 前测社会趋向测试数据分析

社会趋向测试详细结果如表 4 - 4 所示，交互式身体活动干预前，小 A 的社会趋向总分为 4.25 分，小 B 的社会趋向总分为 5.75 分，小 C 的社会趋向总分为 6.00 分，小 D 的社会趋向总分为 4.75 分，且社会趋向总分的正负值为 0.94 分，由此可以得出在交互式身体活动干预前社会趋向小 B 和小 C 比小 A 和小 D 相对较差，社会趋向测试成绩小 B 和小 C 高于小 A 和小 D。4 名研究对象在前测中能注意到他人的肢体动作或手势、对他人的声音有反应两项测试成绩相对较差；能注意到周围他人的活动和能引导他人注意两项测试成绩相对较好。

表4-4 前测社会趋向测试数据

组别	姓名	ST1	ST2	ST3	ST4	总分
实验组	小A	0.75	0.75	1.50	1.25	4.25
	小B	1.25	1.25	1.50	1.75	5.75
对照组	小C	1.50	1.00	1.75	1.75	6.00
	小D	1.25	1.25	1.00	1.25	4.75
均值		1.19±0.44	1.06±0.31	1.44±0.44	1.50±0.25	5.19±0.94

注：ST1：能注意到他人的肢体动作或手势；ST2：对他人的声音有反应；ST3：能注意到周围他人的活动；ST4：能引导他人注意。

3. 前测社会认知测试数据分析

社会认知测试详细结果如表4-5所示，研究对象在交互式身体活动干预前，小A的社会认知总分为5.25分，小B的社会认知总分为5.50分，小C的社会认知总分为6.50分，小D的社会认知总分为5.25分，且社会认知总分的正负值为0.87分，由此可以得出在交互式身体活动干预前社会认知小C相对较好，社会认知测试成绩小C最高。4名研究对象在前测中能理解简单的游戏规则或活动规则和能听懂日常生活中的大多数指令两项测试成绩相对较好；能辨认常见的肢体动作或手势和能读懂他人肢体动作或手势所表达的含义两项测试成绩相对较差。

表4-5 前测社会认知测试数据

组别	姓名	SCG1	SCG2	SCG3	SCG4	总分
实验组	小A	1.00	0.75	1.75	1.75	5.25
	小B	1.50	1.25	1.75	1.00	5.50
对照组	小C	1.50	1.75	1.50	1.75	6.50
	小D	1.25	1.00	1.50	1.50	5.25
均值		1.31±0.31	1.19±0.56	1.63±0.13	1.50±0.50	5.63±0.87

注：SCG1：能辨认常见的肢体动作或手势；SCG2：能读懂他人肢体动作或手势所表达的含义；SCG3：能理解简单的游戏规则或活动规则；SCG4：能听懂日常生活中的大多数指令。

4. 前测社会沟通测试数据分析

社会沟通测试详细结果如表 4 − 6 所示，研究对象在交互式身体活动干预前，小 A 的社会沟通总分为 5.00 分，小 B 的社会沟通总分为 6.25 分，小 C 的社会沟通总分为 6.00 分，小 D 的社会沟通总分为 4.75 分，且社会沟通总分的正负值为 0.75 分，由此可以得出在交互式身体活动干预前社会沟通小 B 和小 C 比小 A 和小 D 相对较好，社会沟通测试成绩小 B 和小 C 高于小 A 和小 D。4 名研究对象在前测中能赞美他人一项测试成绩相对较好；能邀请他人加入自己的活动或游戏中、能以恰当的方式回应他人和能表达情感三项测试成绩相对较差。

表 4 − 6　前测社会沟通测试数据

组别	姓名	SCM1	SCM2	SCM3	SCM4	总分
实验组	小 A	1.25	0.75	1.25	1.75	5.00
	小 B	1.75	1.50	1.50	1.50	6.25
对照组	小 C	1.50	1.50	1.25	1.75	6.00
	小 D	1.00	1.25	1.00	1.50	4.75
均值		1.38 ± 0.38	1.25 ± 0.50	1.25 ± 0.25	1.63 ± 0.13	5.50 ± 0.75

注：SCM1：能邀请他人加入自己的活动或游戏中；SCM2：能以恰当的方式回应他人；SCM3：能表达情感；SCM4：能赞美他人。

5. 前测社会参与测试数据分析

社会参与测试详细结果如表 4 − 7 所示，研究对象在交互式身体活动干预前，小 A 的社会参与总分为 4.75 分，小 B 的社会参与总分为 6.50 分，小 C 的社会参与总分为 5.50 分，小 D 的社会参与总分为 5.50 分，且社会参与总分的正负值为 0.95 分，由此可以得出在交互式身体活动干预前社会参与小 A 相对较弱，社会参与测试成绩小 A 最低。4 名研究对象在前测中愿意参与他人的游戏或活动、能参与游戏活动和能参与自由活动三项测试成绩相对较好；能参与集体活动一项测试成绩相对较差。

表 4 - 7　前测社会参与测试数据

组别	姓名	SP1	SP2	SP3	SP4	总分
实验组	小 A	1.50	0.75	1.75	0.75	4.75
	小 B	1.75	1.75	1.25	1.75	6.50
对照组	小 C	1.25	1.25	1.25	1.75	5.50
	小 D	1.25	1.25	1.25	1.75	5.50
	均值	1.44 ± 0.31	1.25 ± 0.50	1.38 ± 0.47	1.50 ± 0.75	5.38 ± 0.95

注：SP1：愿意参与他人的游戏或活动；SP2：能参与集体活动；SP3：能参与游戏活动；SP4：能参与自由活动。

6. 前测自我调控测试数据分析

自我调控测试详细结果如表 4 - 8 所示，研究对象在交互式身体活动干预前，小 A 的自我调控总分为 4.50 分，小 B 的自我调控总分为 5.50 分，小 C 的自我调控总分为 4.25 分，小 D 的自我调控总分为 4.75 分，且自我调控总分的正负值为 0.75 分，由此可以得出在交互式身体活动干预前自我调控小 B 相对较好，自我调控测试成绩小 B 最高。4 名研究对象在前测中当要求没被满足时能不发脾气一项测试成绩相对较好；能够遵守简单的游戏或活动规则，在游戏或对话中能等待和在游戏或对话中能轮流三项测试成绩相对较差。

表 4 - 8　前测自我调控测试数据

组别	姓名	SR1	SR2	SR3	SR4	总分
实验组	小 A	1.75	1.25	0.75	0.75	4.50
	小 B	1.50	1.00	1.50	1.50	5.50
实验组	小 C	1.25	1.25	1.00	0.75	4.25
	小 D	1.25	1.00	1.00	1.50	4.75
	均值	1.44 ± 0.31	1.13 ± 0.13	1.06 ± 0.44	1.13 ± 0.38	4.75 ± 0.75

注：SR1：当要求没被满足时能不发脾气；SR2：能够遵守简单的游戏或活动规则；SR3：在游戏或对话中能等待；SR4：在游戏或对话中能轮流。

（二）实验过程数据分析

采用《孤独症儿童社交技能评定量表》，对小 A、小 B、小 C 和小 D 的社交技能中的具体表现行为进行测量并进行数据统计，前测 4 次、介入期 12 次、后测 4 次，共计 14 次测试。

1. 交互式身体活动对能够注意到他人的声音次数的影响

根据图 4 - 1 的测试结果可知，交互式身体活动干预前实验组小 A 能够注意到他人的声音次数最多为 8 次，小 B 能够注意到他人的声音次数最多为 9 次，表明小 A 和小 B 并不会主动回应外在的社会线索，社会趋向存在缺陷。通过干预后小 A 和小 B 能注意到他人的声音次数明显增加。小 A 能够注意到他人的声音次数最多为 25 次，小 B 能够注意到他人的声音次数最多为 21 次。在干预中，小 A 在第七周时因为学习竞赛抢球，导致能够注意到他人的声音次数有所减少，在后面的轮胎迷宫、轮滑桩投准课程中，发现小 A 能够注意到他人的声音次数明显增加，最高次数为 25 次；第五周小 B 因为学习跨障碍物，导致能够注意到他人的声音次数有所减少，在第七周学习竞赛抢球后次数有所上升，第九周学习轮滑桩投准后次数有所下降，到第十一周学习轮滑桩投准时次数达到最大值 21 次。小 A 和小 B 在上课时会看向教练或同伴发出声音的那方，在儿童轮胎迷宫时能够多次听到教练的提醒。这说明了交互式身体活动对社会趋向有着积极作用。

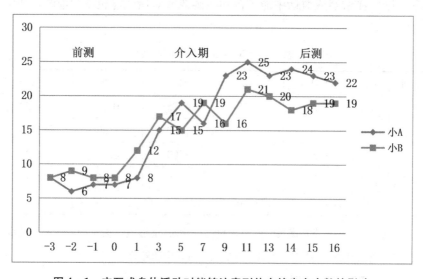

图 4 - 1　交互式身体活动对能够注意到他人的声音次数的影响

注：-3～0 是前测，1～12 是介入期，13～16 是后测。

2. 交互式身体活动对听懂游戏规则次数的影响

根据图 4-2 的测试结果可知，交互式身体活动干预前实验组小 A 和小 B 听懂游戏规则次数最多均为 8 次，表明小 A 和小 B 并不理解游戏规则，社会认知存在缺陷。通过干预后小 A 和小 B 听懂游戏规则次数明显增加。小 A 听懂游戏规则次数最多为 23 次，小 B 听懂游戏规则次数最多为 24 次。在干预中，小 A 在第五周时因为学习跨障碍物，导致听懂游戏规则次数有所减少，在后面的轮胎迷宫、开火车和轮滑桩投准课程中，发现小 A 听懂游戏规则次数明显增加，最高次数为 23 次。小 B 在第七周时因为学习儿童竞赛抢球，导致听懂游戏规则次数有所减少，在后面的轮胎迷宫、开火车和轮滑桩投准课程中，小 B 听懂游戏规则次数明显增加，最高次数为 24 次。小 A 和小 B 在上课时教练讲好游戏规则后能够理解遵守规则，在开火车时能够听懂教练说的游戏规则。这说明了交互式身体活动对社会认知有着积极作用。

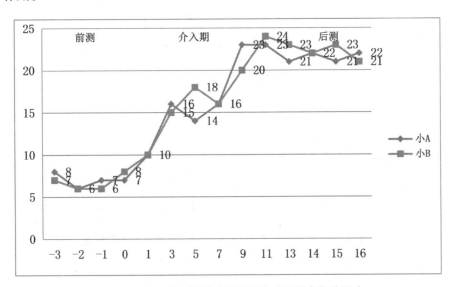

图 4-2　交互式身体活动对听懂游戏规则次数的影响

注：-3~0 是前测，1~12 是介入期，13~16 是后测。

3. 交互式身体活动对能正确回应别人次数的影响

根据图 4-3 的测试结果可知，交互式身体活动干预前实验组小 A 能正确回应别人次数最多为 7 次，小 B 能正确回应别人次数最多为 6 次，表明小

A 和小 B 缺乏与他人互动而做出的语言和肢体反应，社会沟通存在缺陷。通过干预后小 A 和小 B 能正确回应别人次数明显增加。小 A 能正确回应别人次数最多为 24 次，小 B 能正确回应别人次数最多为 21 次。在干预中，小 A 在第七周时因为学习儿童竞赛抢球，导致能正确回应别人次数有所减少，在后面的轮胎迷宫、开火车和轮滑桩投准课程中，发现小 A 能正确回应别人次数明显增加，最高次数为 24 次。小 B 在第五周时因为学习跨障碍物，导致能正确回应别人次数有所减少，在后面的轮胎迷宫、开火车和轮滑桩投准课程中，小 B 能正确回应别人次数明显增加，最高次数为 21 次。小 A 和小 B 在教练做出指令和动作后能够与教练互动并进行言语交流，在开火车时也能够能正确回应教练的口令。这说明了交互式身体活动对社会沟通有着积极作用。

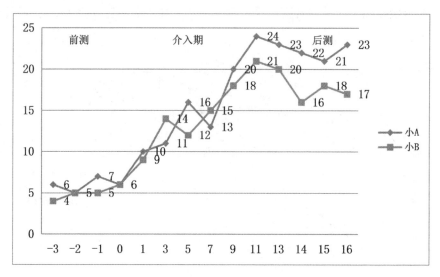

图 4 - 3　交互式身体活动对能正确回应别人次数的影响

注：- 3 ~ 0 是前测，1 ~ 12 是介入期，13 ~ 16 是后测。

4. 交互式身体活动对与其他儿童共同参与游戏次数的影响

根据图 4 - 4 的测试结果可知，交互式身体活动干预前实验组小 A 与其他儿童共同参与游戏次数最多为 7 次，小 B 与其他儿童共同参与游戏次数最多为 8 次，表明小 A 和小 B 与人互动的能力较差，社会参与存在缺陷。通过干预后小 A 和小 B 与其他儿童共同参与游戏次数明显增加。小 A 与其他儿童共同参与游戏次数最多为 22 次，小 B 与其他儿童共同参与游戏次数最多为 23 次。在干预中，小 A 和小 B 第五周因为学习跨障碍物，导致与其他儿童共同参与游戏次数有所减少，在第七周学习竞赛抢球后次数有所上升，第九周学习轮滑桩投准后次数有所下降，到第十一周时小 A 与其他儿童共同参与游戏次数达到最大值 22 次，小 B 与其他儿童共同参与游戏次数达到最大值 23 次。小 A 和小 B 在相互传轮胎和竞赛抢球时能够与其他儿童进行激烈的传轮胎比赛和抢球比赛，在轮胎迷宫和轮滑桩投准时能够与其他儿童一起进行跨越迷宫和一起进行轮滑桩投准比赛。这说明了交互式身体活动对社会参与有着积极作用。

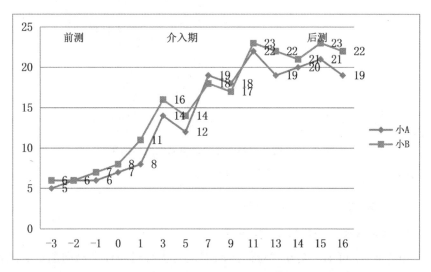

图 4 - 4　交互式身体活动对与其他儿童共同参与游戏次数的影响

注：-3 ~ 0 是前测，1 ~ 12 是介入期，13 ~ 16 是后测。

5. 交互式身体活动对发脾气次数的影响

根据图 4 - 5 的测试结果可知，交互式身体活动干预前实验组小 A 发脾气次数最多为 27 次，小 B 发脾气次数最多为 26 次，表明小 A 和小 B 自己对情绪的调控能力较差，自我调控存在缺陷。通过干预后小 A 和小 B 发脾气次数明显减少，小 A 和小 B 发脾气次数最少均为 9 次，但后期生气次数在缓慢上升，小 A 发脾气次数上升到 13 次，小 B 发脾气次数上升至 12 次。在干预中，小 A 和小 B 第五周因为学习跨障碍物，在跨障碍物时多次摔倒导致发脾气次数有所上升，在游戏轮胎迷宫、轮滑桩投准和开火车时小 A 和小 B 发脾气次数明显减少，小 A 和小 B 最低次数均为 9 次。小 A 和小 B 在玩轮胎迷宫、轮滑桩投准和开火车时非常开心，发脾气次数减少。这说明了交互式身体活动对自我调控有着积极作用。

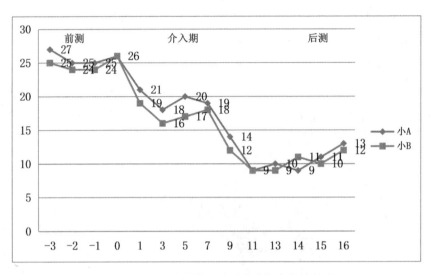

图 4 - 5　交互式身体活动对发脾气次数的影响

注：-3~0 是前测，1~12 是介入，13~16 是后测。

（三）前测与后测结果对比分析

1. 社交技能子功能前后对比分析

由表 4 - 9 可知，交互式身体活动干预后实验组的社会趋向测试成绩都有所提升，实验组小 A 的社会趋向测试成绩从干预前 4.25 分提高至干预后 9.25 分，小 B 的社会趋向测试成绩从干预前 5.75 分提高至干预后 9.75 分；对照组小 C 和小 D 干预前后并无显著变化。通过实验组与对照组前后测试数据对比，说明交互式身体活动对社会趋向有影响，且较明显。

交互式身体活动干预后实验组的社会认知测试成绩都有所提升，实验组小 A 的社会认知测试成绩从干预前 5.25 分提高至干预后 9.75 分，小 B 的社会认知测试成绩从干预前 5.50 分提高至干预后 9.75 分；对照组小 D 干预前后无显著变化，小 C 社会认知测试成绩从干预前 6.50 分提高至干预后 7.50 分，有较小的提高。通过实验组与对照组前后测试数据对比，说明交互式身体活动对社会认知有一定影响。

交互式身体活动干预后实验组的社会沟通测试成绩都有所提升，实验组小 A 的社会沟通测试成绩从干预前 5.00 分提高至干预后 9.50 分，小 B 的社会沟通测试成绩从干预前 6.25 分提高至干预后 9.50 分；对照组小 C 和小 D 干预前后并无显著变化。通过实验组与对照组前后测试数据对比，说明交互式身体活动对社会沟通有一定影响。

交互式身体活动干预后实验组的社会参与测试成绩都有所提升，实验组小 A 的社会参与测试成绩从干预前 4.75 分提高至干预后 9.75 分，小 B 的社会参与测试成绩从干预前 6.50 分提高至干预后 9.50 分；对照组小 C 和小 D 干预前后无显著变化。通过实验组与对照组前后测试数据对比，说明交互式身体活动对社会参与有一定影响。

交互式身体活动干预后实验组的自我调控测试成绩都有所提升，实验组小 A 的自我调控测试成绩从干预前 4.50 分提高至干预后 8.75 分，小 B 的自我调控测试成绩从干预前 5.50 分提高至干预后 9.50 分；对照组小 C 和小 D 干预前后无显著变化。通过实验组与对照组前后测试数据对比，说明交互式身体活动对自我调控有一定影响。

表 4-9 前测与后测社交技能测试数据

组别	姓名	社会趋向		社会认知		社会沟通		社会参与		自我调控		社交技能总分	
		前测	后测	前测	后测	前测	后测	前测	后测	前测	后测	前测	后测
实验组	小 A	4.25	9.25	5.25	9.75	5.00	9.50	4.75	9.75	4.50	8.75	23.75	47.00
	小 B	5.75	9.75	5.50	9.75	6.25	9.50	6.50	9.50	5.50	9.50	29.50	48.00
对照组	小 C	6.00	6.50	6.50	7.50	6.00	6.25	5.50	6.50	4.25	5.25	28.25	32.00
	小 D	4.75	4.25	5.25	4.25	4.75	4.50	5.50	4.75	4.75	4.25	25.00	22.00

2. 社交技能总分前测与后测结果对比分析

用《孤独症儿童社交技能评定量表》对小 A、小 B、小 C、小 D 的社会趋向、社会认知、社会沟通、社会参与和自我调控进行了 4 次后测总分测试并求出均值，得到实验前测与后测的测试数据结果对比表，详细结果见表 4-10，交互式身体活动干预后实验组的社会趋向测试成绩都有所提升，实验组小 A 的社会趋向测试成绩从干预前 14.50 分提高至干预后 19.00 分，小

B 的社会趋向测试成绩从干预前 15.25 分提高至干预后 19.50 分；对照组小 C 和小 D 干预前后无显著变化。社会趋向前后测均值由 15.00 分提升到 16.88 分，前后提升了 1.88 分。通过实验组与对照组前后测试数据对比，说明交互式身体活动对社会趋向有积极影响。

交互式身体活动干预后实验组的社会认知测试成绩都有所提升，实验组小 A 的社会认知测试成绩从干预前 13.00 分提高至干预后 19.50 分，小 B 的社会认知测试成绩从干预前 13.25 分提高至干预后 21.00 分；对照组小 C 和小 D 干预前后无显著变化。社会认知前后测均值由 13.31 分提升到 17.19 分，前后提升了 3.88 分。通过实验组与对照组前后测试数据对比，说明交互式身体活动对社会认知有显著影响。

交互式身体活动干预后实验组的社会沟通测试成绩都有所提升，实验组小 A 的社会沟通测试成绩从干预前 14.75 分提高至干预后 18.50 分，小 B 的社会沟通测试成绩从干预前 14.50 分提高至干预后 20.75 分；对照组小 C 和小 D 干预前后并无显著变化。社会沟通前后测均值由 14.81 分提升到 17.19 分，前后提升了 2.38 分。通过实验组与对照组前后测试数据对比，说明交互式身体活动对社会沟通有一定影响。

交互式身体活动干预后实验组的社会参与测试成绩都有所提升，实验组小 A 的社会参与测试成绩从干预前 12.75 分提高至干预后 20.50 分，小 B 的社会参与测试成绩从干预前 13.50 分提高至干预后 19.50 分；对照组小 C 干预前后显著变化，但小 D 社会参与测试成绩从干预前 12.75 分提高至干预后 14.00 分，有较小的提高。社会参与前后测均值由 13.13 分提升到 16.56 分，前后提升了 3.43 分。通过实验组与对照组前后测试数据对比，说明交互式身体活动对社会参与有显著影响。

交互式身体活动干预后实验组的自我调控测试成绩都有所提升，实验组小 A 的自我调控测试成绩从干预前 13.25 分提高至干预后 19.00 分，小 B 的自我调控测试成绩从干预前 13.25 分提高至干预后 20.25 分；对照组小 C 干预前后无显著变化，但小 D 的社会参与测试成绩从干预前 13.25 分提高至干预后 14.75 分，有较小的提高。自我调控前后测均值由 13.50 分提升到

17.13 分，前后提升了 3.63 分。通过实验组与对照组前后测试数据对比，说明交互式身体活动对自我调控有显著影响。

交互式身体活动干预后实验组的社交技能测试总成绩都有所提升，实验组小 A 的社交技能测试总分从干预前 68.25 分提高至干预后 96.50 分，小 B 的社会技能测试总分从干预前 69.75 分提高至干预后 101.00 分；对照组小 C 和小 D 干预前后无显著变化。社会技能测试总分前后测均值由 69.75 分提升到 84.94 分，前后提升了 15.19 分。整体上小 A 与小 B 的社交技能的分数均呈现增加的情况，两者增加幅度差不多。通过实验组与对照组前后测试数据对比可以得出：交互式身体活动对孤独症儿童的社交技能有积极影响。

表 4 – 10 前测与后测社交技能总测试数据

组别	姓名	社会趋向		社会认知		社会沟通		社会参与		自我调控		社交技能总分	
		前测	后测	前测	后测	前测	后测	前测	后测	前测	后测	前测	后测
实验组	小 A	14.50	19.00	13.00	19.50	14.75	18.50	12.75	20.50	13.25	19.00	68.25	96.50
	小 B	15.25	19.50	13.25	21.00	14.50	20.75	13.50	19.50	13.25	20.25	69.75	101.00
对照组	小 C	15.75	15.00	14.00	14.50	15.25	15.25	13.50	12.25	14.25	14.50	72.75	71.50
	小 D	14.50	14.00	13.00	13.75	14.75	14.25	12.75	14.00	13.25	14.75	68.25	70.75
均值		15.00	16.88	13.31	17.19	14.81	17.19	13.13	16.56	13.50	17.13	69.75	84.94

三、结论与建议

（一）结论

孤独症儿童经过十二周的交互式身体活动后其社交技能有显著提升，对社会趋向、社会沟通、社会参与、自我调控都有很大影响效果，而对社会认知影响效果最小。

经过十二周的交互式身体活动干预后，实验组儿童能够注意到他人的声音次数由 6～9 次提升至 18～25 次，听懂游戏规则次数由 6～8 次提升至 21～24 次，能正确回应别人次数由 4～7 次提升至 16～24 次，与其他儿童共同参与游戏次数由 5～8 次提升至 19～23 次，发脾气次数由 24～27 次降低至 9～13 次。通过具体行为表现次数的变化，可以看出交互式身体活动干预后，实验组的孤独症儿童能注意到他人的声音、听懂游戏规则、能正确回应别人、与其他儿童共同参与游戏、发脾气的次数都呈现积极的趋势，可以得知交互式身体活动对孤独症儿童社交技能改善有着积极作用。

经过十二周的交互式身体活动干预后，实验组的社会趋向测试成绩小 A 从前测 4.25 分提高至后测 9.25 分，小 B 前测 5.75 分提高至后测 9.75 分；实验组的社会认知测试成绩小 A 从前测 5.25 分提高至后测 9.75 分，小 B 从前测 5.50 分提高至后测 9.75 分；实验组的社会沟通测试成绩小 A 从前测 5.00 分提高至后测 9.50 分，小 B 从前测 6.25 分提高至后测 9.5 分；实验组的社会参与测试成绩小 A 从前测 4.75 分提高至后测 9.75 分，小 B 从前测 6.50 分提高至后测 9.50 分；实验组的自我调控测试成绩小 A 从前测 4.50 分提高至后测 8.75 分，小 B 从前测 5.50 分到提高至后测 9.50 分。通过前测与后测的测试数据分析，可以看出交互式身体活动实验后，实验组孤独症儿童的社会趋向、社会认知、社会沟通、社会参与和自我调控都有一定的改善。

（二）建议

交互式身体活动对孤独症儿童的社交技能的改善有显著性效果，但由于时间比较简短，不能进一步说明交互式身体活动对孤独症儿童的社交技能的影响效果。适当地增加实验周期的时间，循序渐进地进行交互式身体活动训练，只有达到一定程度，才能使量变引起质变。

在交互式身体活动中，应根据孤独症儿童的特点及发展需要，结合其生活、生存实际，有目的地设计和编排生活化的活动内容，在发展儿童社交技能的同时发展其基本生活技能，使体育活动与生活紧密联系，提高其生活、生存能力，促进孤独症患儿更加容易融入社会。

通过实验的前后对比分析得知，交互式身体活动对孤独症儿童的社会趋向、社会沟通、社会参与、自我调控都有改善效果，而对社会认知影响效果最小，希望今后的孤独症研究能够制定针对孤独症儿童社会认知的课程内容，让交互式身体活动干预发挥更好的效果。

第四节　交互式身体活动对孤独症儿童执行功能影响研究

一、执行功能概述

执行功能（Executive Function）是认知功能的核心成分，大多数人将其视为一种复杂的高级认知功能。目前执行功能主要包括工作记忆、抑制能力、认知灵活性三个子功能。工作记忆能力是平常生活中经常用到的一项功能，且对人体的影响十分重大。根据以往的研究得知，孤独症儿童普遍比正常儿童的工作记忆要差。它会对人的行为规范、抽象思维、认知灵活性、注意力集中及维持方面造成影响。抑制能力是执行功能的重要组成功能之一，对孤独症儿童影响很大，抑制能力发展关键期为 3 ~ 6 岁。每个孤独症儿童的抑制能力都有着不同程度的缺陷，往往在生活中很难控制自己的情绪和行为，会出现不同于常人的情绪和行为。近年来研究者还通过对孤独症儿童的抑制能力和临床核心症状的分析，发现孤独症儿童的抑制能力与临床症状中反复出现的刻板行为密切相关，其抑制能力缺陷的生理机制与额叶和顶叶下部皮层激活程度有关。认知灵活性也是人常称的心理灵活性，也是一种高级的认知功能。多名研究人员证实，如孤独症儿童的认知灵活性越差，那他的重复刻板行为便会越严重。认知灵活性也是执行功能的重要组成成分之一，多数研究证实其神经机制涉及额叶、顶叶、颞叶和小脑等多个区域。孤独症儿童的执行功能缺陷对个人、家庭、社会都造成了严重的影响。如何采用有效方法来干预和改善孤独症儿童的执行功能已经成为当前亟须解决的关键问题。目前已有研究表明，体育运动可以作为有效的干预方法，改善孤独症儿童的执行功能缺陷，但是依旧缺乏更多的科学证据证明，其神经机制尚未得到揭示。因此，为完善身体活动的干预，让孤独症儿童身体活动途径更加的丰富，可以用交互式身体活动来干预孤独症儿童的执行功能，制定科学合理的交互式身体活动方案，在实践中验证其效果，使孤独症儿童在轮滑运动中执行功能得到改善，能够逐渐地融入社会。

二、实验设计

用单一被试实验法进行研究，在训练内容、训练场地等其他条件都相同的情况下，对实验对象采用交互式身体活动的干预方式，通过对实验前后孤独症儿童执行功能的子功能指标变化来获取实验所需的有效数据，对实验前后的数据进行相应的对比和分析，最后得出结果。

（一）实验对象及选取

实验对象：研究初期公开招募 10 名孤独症儿童患者，按照《孤独症儿童执行功能评分量表》来最终确定 4 名症状相似的孤独症儿童患者。

实验组：实验组的儿童每周都需要参与交互式身体活动课程，采用交互式身体活动干预。

对照组：对照组的孤独症儿童需要在测试当天与实验组的孤独症儿童一起进行测试。

4 名孤独症儿童的基本情况如表 4 – 11 所示：

表 4 –11　4 名被试基本情况信息表

基本情况	小徐	仔仔	涵涵	小宇
性别	男	男	男	男
身高（cm）	118	120	119	120
体重（kg）	42	45	44	42
年龄	10	10	9	10
学校	长沙市特殊学校	长沙市特殊学校	长沙市特殊学校	长沙市特殊学校
症状	重复刻板行为严重	情绪多变	智力障碍	多动、重复动作
强化物	动画片、可乐	薯片、拍手手	牛奶、轮胎	轮滑桩、饼干

（二）实验地点、时间与课程设计

实验地点：长沙师范学院轮滑馆

交互式身体活动课程设计：

1. 干预课时

实验组在每周日下午 14：30—16：00 上课，每周 1 次课，每次 90 分钟，2021 年 9 月 18 日开始，2021 年 12 月 26 日结束，共 12 次课，持续上课时间为 12 周。

2. 干预课程内容

实验组在 2021 年 9 月—12 月进行 12 周的交互式身体活动的干预，身体活动以轮滑运动来进行，通过轮滑运动与游戏相互结合的方式上课。如：基础滑行捡桩、跨越障碍、儿童轮胎迷宫、儿童竞赛抢球、儿童开火车、松雅湖滑行等形式。在教学的过程中需要注重儿童与老师和儿童与儿童之间的执行能力训练，如：玩游戏时要学会等待、回应别人的邀请并主动邀请别人加入、在开火车等游戏中团结合作并回应对方、控制自己的情绪和行为、复习上次课堂上所学习的内容、老师布置的任务能自主计划并完成。

（三）数据来源

1. 前测

在干预前，通过访谈法与家长和老师进行沟通，了解孤独症儿童在家庭、学校及校外其他活动中执行功能表现情况。用《孤独症儿童执行功能评分量表》在实验前的前四周测评四次，每周测一次，获得前测得分。在自然课程下观察孤独症儿童的执行功能，不做任何干预，记录执行功能的表现。

2. 后测

在实验后，通过工作记忆、抑制能力、认知灵活性 3 项测量指标对 4 名干预对象进行执行功能测试共四次，实验后每周进行一次测试，记录每项的最终测试成绩，并与家长和老师进行沟通，讨论儿童的执行功能并做好访谈记录。

（四）测量工具

根据《孤独症儿童执行功能评分量表》，对实验对象进行每周 1 次，每次 90 分钟，12 周共 12 次的交互式身体活动课程干预。进行实验前的前测（4 次）、实验后的后测（4 次）共 8 次执行功能的测试，分别从工作记忆、抑制能力、认知灵活性这 3 个指标来进行评分。从每个子功能中选取 5 个指标评分，即儿童完全符合该指标得 0 分、儿童符合该指标得 1 分、儿童部分符合该指标得 2 分、儿童不符合该指标得 3 分、儿童完全不符合该指标得 4

分。每次测试时记录该功能的表现次数，并得出测试分数。

《孤独症儿童执行功能评分量表》主要分为工作记忆、抑制能力、认知灵活性三个子功能。工作记忆中各项指标的测试结果得分依次相加，为工作记忆的测试总分，得分范围是 0～20 分；抑制能力中各项指标的测试结果得分依次相加，为抑制能力的测试总分，得分范围是 0～20 分；认知灵活性中各项指标的测试结果得分依次相加，为认知灵活性的测试总分，得分范围是 0～20 分。工作记忆、抑制能力、认知灵活性这 3 项测试分数相加得到孤独症儿童执行功能的测试总分，得分范围是 0～60 分。得分高表明，轮滑课程对孤独症儿童的执行功能影响显著；得分低表明，轮滑课程对孤独症儿童的执行功能影响不明显。

根据执行功能评定量表的指标确定具体行为表现，对实验组和对照组进行实验前的前测（4 次）、干预期测（6 次）、实验后的后测（4 次）共 14 次测试。通过具体行为表现次数变化来分析孤独症儿童执行功能的变化。

（五）控制变量

本次实验的孤独症儿童均不参加其他课余体育干预活动和其他体育课程。对照组与实验组在校课程一样，对照组每周不参与交互式身体活动。

1. 自变量

交互式身体活动以轮滑课程进行，在课程中有轮滑技能的学习和游戏的介入，也有其他体育活动的融入和身体素质锻炼的练习，根据孤独症儿童的特点，在进行交互式身体活动干预的同时要和孤独症儿童进行一定的沟通、互动和鼓励，对不能完成任务的儿童要及时给与帮助。

2. 因变量

实验对象每周按照计划进行交互式身体活动的轮滑课程，在实验过程中我们要观察儿童工作记忆、抑制能力、认知灵活性指标中的执行功能的次数。

三、结果与分析

（一）前测测试数据分析

由表 4 - 12 可知，实验前实验组和对照组的工作记忆正负值为 0.31，抑制能力正负值为 0.13，认知灵活性正负值为 0.50，执行功能总分正负值为 0.50，由此可看出实验前实验组和对照组执行功能并无明显差别，工作记忆、抑制能力、认知灵活性三项子功能测试数据都接近。

表 4 - 12　前测执行功能测试数据

姓名		工作记忆	抑制能力	认知灵活性	执行功能总分
实验组	小徐	3.50	2.75	2.00	8.25
	仔仔	3.75	2.75	2.75	9.25
对照组	涵涵	3.25	2.50	3.00	9.00
	小宇	3.75	2.50	2.25	8.50
均值		3.56 ± 0.31	2.63 ± 0.13	2.50 ± 0.50	8.75 ± 0.50

（二）前测工作记忆测试数据分析

由表 4 - 13 可知，在交互式身体活动实验之前，小徐的工作记忆总分为 3.50 分，仔仔的工作记忆总分为 3.75 分，涵涵的工作记忆总分为 3.25 分，小宇的工作记忆总分为 3.75 分，且工作记忆总分的正负值为 0.31，由此可以得出 4 名研究对象在交互式身体活动干预前，工作记忆能力差不多，工作记忆测试成绩相近。4 名研究对象在前测中很容易忘记别人要他拿什么东西、难以记得自己在活动中做过什么、难以在做着其他事情时不忘之前要牢记的东西三项测试成绩相对较好，难以记住一些冗长的指令，有数件事要做，只会记得第一件或最后一件两项测试成绩相对较差。

表 4 - 13　前测工作记忆测试数据

姓名		W1	W2	W3	W4	W5	总分
实验组	小徐	0.25	0.75	0.25	1.50	0.75	3.50
	仔仔	0.50	1.00	0.75	1.00	0.50	3.75
对照组	涵涵	0.25	0.75	0.50	1.00	0.75	3.25
	小宇	0.50	0.75	0.50	1.50	0.50	3.75
均值		0.38 ± 0.13	0.81 ± 0.19	0.50 ± 0.25	1.25 ± 0.25	0.63 ± 0.13	3.56 ± 0.31

注：W1：难以记住一些冗长的指令；W2：难以记得自己在活动中做过什么；W3：有数件事要做，只会记得第一件或最后一件；W4：很容易忘记别人要他拿什么东西；W5：难以在做着其他事情时不忘之前要牢记的东西。

（三）前测抑制能力测试数据分析

由表 4 - 14 可知，在交互式身体活动实验之前，小徐的抑制能力总分为 2. 75 分，仔仔的抑制能力总分为 2. 75 分，涵涵的抑制能力总分为 2. 50 分，小宇的抑制能力总分为 2. 50 分，且抑制能力总分的正负值为 0. 13，由此可以看出 4 名研究对象在交互式身体活动干预前，抑制能力差不多，抑制能力测试成绩相近。4 名研究对象在前测中难以对一些欠缺吸引力的任务坚持到底，除非有人承诺会给予奖励，难以抑制他的活跃，尽管早已作出吩咐亦如是两项测试成绩相对较好，当有些事必须要完成的时候，常常会被其他更吸引的事分了心，难以在不适宜笑的场合忍笑三项测试成绩相对较差。

表 4 - 14　前测抑制能力测试数据

姓名		I1	I2	I3	I4	I5	总分
实验组	小徐	0. 50	0. 50	0. 50	0. 50	0. 75	2. 75
	仔仔	0. 50	0. 75	0. 50	0. 50	0. 50	2. 75
对照组	涵涵	0. 50	0. 25	0. 75	0. 75	0. 25	2. 50
	小宇	0. 75	0. 25	0. 50	0. 25	0. 75	2. 50
均值		0. 56 ± 0. 19	0. 44 ± 0. 31	0. 56 ± 0. 19	0. 50 ± 0. 25	0. 56 ± 0. 31	2. 63 ± 0. 13

注：I1：难以对一些欠缺吸引力的任务坚持到底，除非有人承诺会给予奖励；I2：当有些事必须要完成的时候，常常会被其他更吸引的事分了心；I3：显然难以去做一些太为沉闷的事；I4：难以在不适宜笑的场合忍笑；I5：难以抑制他的活跃，尽管早已作出吩咐亦如是。

（四）前测认知灵活性测试数据分析

由表 4 - 15 可知，在交互式身体活动实验之前，小徐的认知灵活性总分为 2. 00 分，仔仔的认知灵活性总分为 2. 75 分，涵涵的认知灵活性总分为 3. 00 分，小宇的认知灵活性总分为 2. 25 分。且认知灵活性总分的正负值为 0. 50，由此可知 4 名研究对象在交互式身体活动干预前，认知灵活性差不多，认知灵活性测试成绩相近。4 名研究对象在前测中难以理解用言语表达的指示，除非同时向他示范怎样做，难以把一些已发生的事情述说得容易明白，当被问题困扰时，难以想出另一个方法来解答三项测试成绩相对较好，即使被勒令停止亦难以在活动中立即停下来、难以进行一些需要多个步骤的活动两项测试成绩相对较差。

表 4－15　前测认知灵活性测试数据

姓名		C1	C2	C3	C4	C5	总分
实验组	小徐	0.25	0.75	0.50	0.25	0.25	2.00
	仔仔	0.50	0.50	0.75	0.25	0.75	2.75
对照组	涵涵	0.25	0.75	0.50	0.75	0.75	3.00
	小宇	0.50	0.50	0.50	0.50	0.25	2.25
均值		0.38 ± 0.13	0.63 ± 0.13	0.56 ± 0.19	0.44 ± 0.31	0.50 ± 0.25	2.50 ± 0.50

注：C1：即使被勒令停止亦难以在活动中立即停下来；C2：难以把一些已发生的事情述说得容易明白；C3：难以理解用言语表达的指示，除非同时向他示范怎样做；C4：难以进行一些需要多个步骤的活动；C5：当被问题困扰时，难以想出另一个方法来解答。

四、实验过程数据分析

采用《孤独症儿童执行功能评分量表》，对小徐、仔仔执行功能中的具体表现行为进行了数据统计，前测（4 次）、干预期（12 次）、后测（4 次）共计 20 次测试。

（一）交互式身体活动对生气次数的影响

根据图 4－6 的测试结果可知，实验组干预前小徐生气次数最多为 21 次，仔仔生气次数最多为 22 次，通过干预后小徐和仔仔的生气次数最多都为 8 次，其中在第三周因为学习摔跤动作，导致生气次数有所回调，后续课程中小徐和仔仔的生气次数明显减少。由此可以得知交互式身体活动帮助小徐和仔仔控制自己的情绪，对抑制能力有着积极作用。

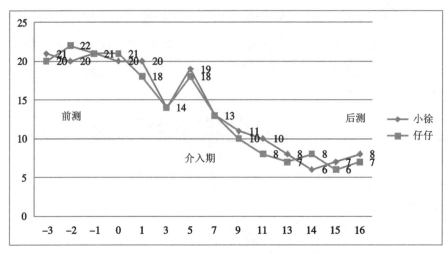

图 4 - 6　交互式身体活动对生气次数的影响

注：- 3 ~ 0 是前测，1 ~ 12 是介入期，13 ~ 16 是后测。

（二）交互式身体活动对听从指令次数的影响

根据图 4 - 7 的测试结果可知，实验组干预前小徐和仔仔听从指令的次数分别为 7 次和 8 次，通过干预后小徐听从指令的次数最多为 22 次，仔仔听从指令的次数最多为 21 次，其中在第五周次数达到最多，说明了学习跨障碍物这项课程内容对听从指令有着显著影响。由此可知交互式身体活动帮助小徐和仔仔控制自己的行为，对工作记忆有着积极作用。

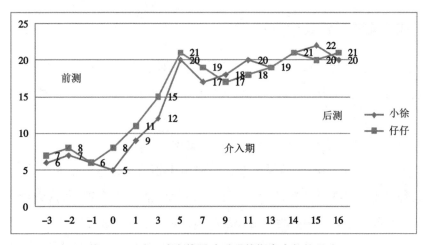

图 4 - 7　交互式身体活动对听从指令次数的影响

注：- 3 ~ 0 是前测，1 ~ 12 是介入期，13 ~ 16 是后测。

（三）交互式身体活动对拍手次数的影响

根据图 4 - 8 的测试结果可知，实验组干预前小徐拍手的次数最多为 28 次，仔仔拍手的次数最多为 29 次，通过干预后小徐拍手的次数最多为 9 次，仔仔拍手的次数最多为 8 次，其中在第三周时发生了显著下降，说明学习摔跤这项课程内容对抑制能力有着显著影响，在第九周时拍手次数达到了最低次数，小徐拍手次数为 7 次，仔仔拍手次数为 8 次，说明轮胎迷宫和竞赛抢球课程内容起到了积极作用。由此可以得知交互式身体活动帮助小徐和仔仔控制自己的行为，对抑制能力有着积极作用。

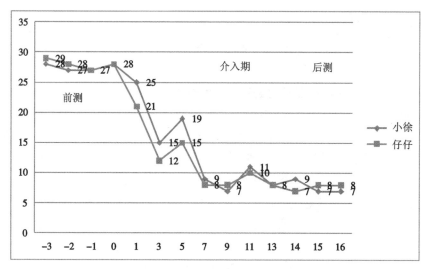

图 4 - 8　交互式身体活动对拍手次数的影响

注：- 3 ~ 0 是前测，1 ~ 12 是介入期，13 ~ 16 是后测。

（四）交互式身体活动对躲避障碍物次数的影响

根据图 4 - 9 的测试结果可知，实验组干预前小徐和仔仔躲避障碍物的次数最多都为 3 次，通过干预后小徐躲避障碍物的次数最多为 21 次，仔仔躲避障碍物的次数最多为 21 次，其中在第五周时大幅度上升，从开始的遇见轮胎不会抬脚跨越，到后面遇见轮胎能够主动抬脚跨越，说明跨越障碍物这项课程内容对工作记忆有着显著影响，在第十一周时躲避障碍物次数达到了最高次数，小徐和仔仔躲避障碍物次数都为 21 次，说明轮滑桩投准与开火车课程内容起到了积极作用。由此可以得知交互式身体活动帮助小徐和仔仔控制自己的行为，对工作记忆有着积极作用。

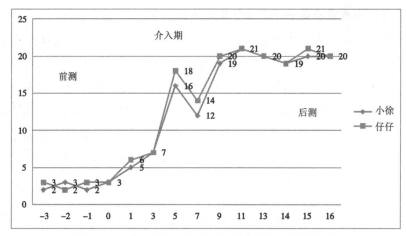

图 4-9　交互式身体活动对躲避障碍物次数的影响

注：-3~0 是前测，1~12 是介入期，13~16 是后测。

（五）交互式身体活动对击掌次数的影响

根据图 4-10 的测试结果可知，实验组干预前小徐击掌次数最多为 6次，仔仔击掌次数最多为 7 次，通过干预后小徐击掌次数最多为 25 次，仔仔击掌的次数最多为 27 次，其中在第七周时击掌次数显著上升，从开始的教练抬手很少与之击掌，到后来看见教练抬手便会主动过来击掌，说明了竞赛抢球这项课程内容对工作记忆有着显著影响，在第十一周时击掌次数达到了最高次数，小徐击掌次数为 25 次，仔仔击掌次数为 27 次，说明轮滑桩投准与开火车课程内容起到了积极作用。由此可以得知交互式身体活动帮助小徐和仔仔控制自己的行为，对工作记忆有着积极作用。

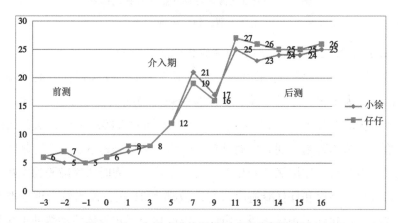

图 4-10　交互式身体活动对击掌次数的影响

注：-3~0 是前测，1~12 是介入期，13~16 是后测。

（六）交互式身体活动对进行多个步骤次数的影响

根据图 4 – 11 的测试结果可知，实验组干预前小徐进行多个步骤次数最多为 7 次，仔仔进行多个步骤次数最多为 8 次，通过干预后小徐进行多个步骤的次数最多为 8 次，仔仔进行多个步骤的次数最多为 7 次，实验前后无明显变化。由此可以得知交互式身体活动对小徐和仔仔的思维转变并无影响，对认知灵活性无影响。

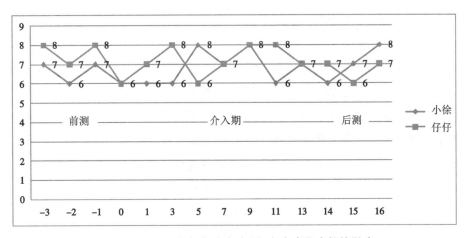

图 4 – 11　交互式身体活动对进行多个步骤次数的影响

注：–3 ~ 0 是前测，1 ~ 12 是介入期，13 ~ 16 是后测。

五、前测与后测结果对比分析

由表 4 – 16 的测试结果可知，交互式身体活动干预前后实验组的工作记忆测试成绩都有所提升，实验组小徐和仔仔工作记忆测试成绩从干预前 3.50 分、3.75 分提高至干预后 6.00 分、6.25 分；对照组涵涵和小宇干预前后并无显著变化。通过实验组与对照组前后测试数据对比，说明交互式身体活动对工作记忆有影响，且较明显。交互式身体活动干预前后实验组的抑制能力测试成绩都有所提升，实验组小徐和仔仔抑制能力测试成绩从干预前 2.75 分、2.75 分提高至干预后 5.75 分、5.00 分；对照组涵涵和小宇干预前后并无显著变化。通过实验组与对照组前后测试数据对比，说明交互式身体活动对抑制能力有影响，且较明显。交互式身体活动干预前后实验组与对照组的认知灵活性测试成绩无明显变化；实验组与对照组的前后测试成绩起伏不大，说明交互式身体活动对认知灵活性无影响。根据表4-16可知，实验组与对照组执行功能后测成绩都有所提高，实验组小徐干预前执行功能测试得分8.25分，干预后执行功能测试得分14.00分；仔仔干预前执行功能测试得分8.00分，干预后执行功能测试得分13.50分。对照组涵涵前测执行功能得分为9.00分，后测得分为9.50分；小宇前测执行功能得分为9.50分，后测得分为9.50分。从结果看，经过交互式身体活动干预的实验组两名孤独症儿童，执行功能都得到提高，尤其是工作记忆和抑制能力呈现积极改善。综上所述，经过12周交互式身体活动干预训练，训练后实验对象的执行能力有所增加，表明交互式身体活动干预训练提高了孤独症儿童的执行功能。在工作记忆、抑制能力、认知灵活性3项执行功能测试成绩中，认知灵活性测试成绩变化不显著，实验组与对照组前后测成绩变化不大，可能与儿童自身成长与发展相关；工作记忆、抑制能力提升较大，可能由于交互式身体活动干预是有针对性的训练，这些测试项目已经融入了轮滑教学中，所以测试效果明显。交互式身体活动基于孤独症学前儿童的缺陷、特点和差异进行设计，能够通过人机互动模式触发孤独症儿童狭窄注意的迁移，将其融入人与人交互的身体活动中。科学的目标体系设计、内容选取、组织方案实施、教学策略运用是交互式身体活动方案实施效果的保障。交互式身体活动方案丰富发展了孤独症个体身体活动干预的理论体系。

表4-16 前测与后测测试数据

姓名	工作记忆		抑制能力		认知灵活性		执行功能总分	
	前测	后测	前测	后测	前测	后测	前测	后测
小徐	3.50	6.00	2.75	5.75	2.00	2.25	8.25	14.00
仔仔	3.75	6.25	2.75	5.00	2.75	2.25	9.25	13.50
涵涵	3.25	3.75	2.50	3.00	3.00	2.75	9.00	9.50
小宇	3.75	3.75	2.50	2.75	2.25	2.75	8.50	9.50

六、结论与建议

（一）结论

通过交互式身体活动干预后，实验组的生气次数由最多21~22次降至

8 次，听从指令次数由最多 7 ~ 8 次提升至 21 ~ 22 次，拍手次数由最多 28 ~ 29 降至 8 ~ 9 次，躲避障碍物次数由最多的 3 次提升至 21 次，击掌次数由最多的 6 ~ 7 次提升至 25 ~ 26 次，通过具体行为的次数改变，可得知实验组的工作记忆以及抑制能力得到了改善。

通过具体行为表现次数的变化，可以看出交互式身体活动实验后，实验组的孤独症儿童的击掌、拍手、躲避障碍物、生气、听从指令次数都呈现积极的改善趋势，可得知交互式身体活动对孤独症儿童执行功能改善有着积极作用。

通过前测与后测的测试数据分析，可以看出交互式身体活动实验后，实验组孤独症儿童的工作记忆和抑制能力都有改善，但认知灵活性并无明显变化。

（二）建议

实验前应做好充分准备工作，对实验对象的基本情况做好充分了解，根据课程标准及实验对象具体情况，制定有针对性的交互式身体活动课程内容，让交互式身体活动干预发挥更好的效果。

实验对象在实验前执行功能相近，实验中应及时与实验对象的家人、老师沟通，了解其在交互式课程之外执行功能的变化，以及参与其他体育活动的情况，控制实验对象在干预中其他活动对其执行功能的影响，保证实验测试结果的准确性。

通过实验前后对比分析得知，孤独症儿童的工作记忆和抑制能力都有改善，但认知灵活性并无明显变化，希望今后的孤独症研究能够制定针对孤独症儿童认知灵活性的课程内容，让交互式身体活动干预发挥更好的效果。

第五章

孤独症儿童社会性发展的体育干预研究

第一节　体育活动对孤独症儿童动作
协调能力影响的实验研究

在教学内容、授课老师、特定的上课时间和轮滑场地等其他条件相同的情况下，采用轮滑运动干预，通过实验前、后测试取得孤独症儿童的实验指标所需要的数据，并对该数据进行对比和分析。

一、实验对象

选取特殊儿童轮滑嘉年华课程 20 名 6～10 岁的中轻度孤独症儿童作为实验对象。

在实验前所有被试者均使用粗大动作发展测试（TGMD-3）测量工具进行动作协调能力评估，随后将被试者具体落实分成实验组（10 人）和对照组（10 人）。实验组与对照组实验对象如表 5－1，进行 T 检验对比两组之间显著性差异不明显（$P > 0.05$），即可分组进行实验。

表 5－1　实验组与对照组实验对象的独立样本 T 检验

变量名	组号	均值	t	df	P
年龄	实验组	8.0 ± 1.49	0.15	19	0.76
	对照组	8.1 ± 1.52			

（续表）

变量名	组号	均值	t	df	P
体重（kg）	实验组	27.13 ± 4.08	0.92	19	0.85
	对照组	27.08 ± 4.36			
身高（cm）	实验组	129.54 ± 8.08	0.97	19	0.99
	对照组	129.53 ± 8.52			
动作协调能力总分	实验组	40.50 ± 0.52	0.62	19	0.62
	对照组	40.20 ± 1.13			

二、实验时间、地点、强度与活动设计

实验时间：2021 年 9 月—2021 年 12 月，时长 12 周，每周两次课，每周六、周日 14：30—15：30，24 节课，课时 60 分钟。

实验地点：长沙师范学院轮滑馆。

实验强度：在开始部分结束时刻，心率在 80～100 次/分钟为合适，在基本部分结束时刻，心率在 120～138 次/分钟为合适，在结束部分结束时刻，心率在 80～100 次/分钟为合适。练习密度在 60%～65% 为合适。

实验活动设计：根据《幼儿轮滑》和《幼儿大肌肉动作发展的活动计划》的相关内容，为实验对象设计出为期 12 周的课程内容，如表 5－2 所示。

表 5－2 轮滑课程活动内容

周次	轮滑课程内容	教学目的	具体目标
第 1 周	1. 学生熟悉上课场地，观看轮滑基础视频并了解轮滑知识以及上课秩序 2. 学生体验穿戴护具和轮滑鞋 3. 认识新同学和教练	学生熟悉环境并且喜欢上轮滑，能够与周围的孩子交流玩耍	学生能够自主适应新环境，能相互交到朋友并互相鼓励学习轮滑

（续表）

周次	轮滑课程内容	教学目的	具体目标
第2周	1. 学生学会穿脱护具及轮滑鞋 2. 学会在垫子上站立（八字）和原地踏步、蹲起 3. 注意课堂秩序，学会轮流等待练习	学生可以自己穿上轮滑鞋和护具并且能初步地控制自己的身体抬脚，保持平衡	1. 学生能够在垫子上站立（八字） 2. 练习站立（八字）和原地踏步、蹲起可以增强学生腿部力量和平衡能力
第3周	1. 学生学会在垫子上摔跤与起立 2. 听口令进行练习 3. 学会轮流等待及参与到游戏中 4. 自我鼓励与他人合作	1. 培养学生不怕困难、勇敢向前的品质 2. 学生能够两人合作完成摔跤动作	学生能通过小组合作（两人一组）完成摔跤动作
第4周	学生在垫子上学习行进间踏步和绕桩	1. 提高学生的左右单脚支撑能力 2. 学生能操控大腿向前移动及向不同方向移动，并且控制一段时间	1. 增强学生的单腿支撑腿部力量和绕桩时的重心转换 2. 提高学生的身体协调能力
第5周	1. 学生在地面上学习行进间踏步和绕桩 2. 学生在地面上复习行进间踏步和绕桩	1. 提高学生大腿支撑以及平衡能力 2. 学生能操控大腿向前移动并向多个不同方向移动，并控制一段时间	1. 增强学生大腿支撑力量与平衡能力 2. 提高学生的身体协调能力
第6周	1. 学生学会原地推步练习（地面） 2. 自我鼓励与他人合作	1. 提高学生双足前后的站立能力 2. 增强学生与他人合作的能力	学生在老师的一定帮助下完成推步动作

（续表）

周次	轮滑课程内容	教学目的	具体目标
第7周	1. 学生学会滑行捡桩 2. 注意课堂秩序，学会轮流等待练习 3. 轮流等待进行游戏	增强学生基础滑行的能力，在捡桩中体验到游戏的快乐	增强学生基础滑行的能力，学会轮流等待练习，遵守课堂秩序
第8周	1. 学生学会在地面上跨越障碍物 2. 进行抢球竞赛 3. 学习轮胎迷宫的游戏玩法	1. 学生能够调节身体的重心和形态 2. 在进行游戏的基础上提高学生基础滑行的能力	1. 学生能通过游戏独自完成转弯动作 2. 学生能在老师的帮助下完成跨越障碍
第9周	1. 进行抢球竞赛，相互鼓励 2. 进行轮胎迷宫游戏	1. 增强学生手眼协调的能力和基础滑行能力 2. 学生能够在游戏中体验到快乐	学生能够顺利完成游戏，没有受伤，遵守游戏规则和课堂秩序
第10周	学生在地面上绕障碍物	1. 增强学生操控轮滑鞋的程度 2. 提高学生对轮滑鞋的操控程度	1. 学生能躲过障碍物 2. 学生能以比较快的速度躲过障碍物
第11周	学生在户外进行滑行	让学生体验不同场地滑行带来的感受	1. 学生能够安全地滑行，且不受伤 2. 学生能够快速地滑行，且不受伤
第12周	1. 特立公园前坪滑行 2. 户外5公里滑行	1. 让学生体验不同的场地和场景带来的感受 2. 进行课程结果的实验检测	1. 学生能够独自顺利完成滑行 2. 在没有老师的帮助下，学生自己至少能够滑行4公里

三、实验过程、实验器材、测量工具及控制变量

（一）实验过程

实验前测：在实验方案施行前，提前与实验对象进行两周的了解与来往。对实验对象进行动作协调能力的测试（TGMD-3）。

运动干预：实验组进行为期12周的体育活动干预课程，同时对照组也进行为期12周的常规体育课程，实验对象均不参与其余课外的体育活动课程。

实验后测：实验后，使用粗大动作发展测试第三版（TGMD-3）用于实验对象的实验后测，并且把数据收集统计好，实验后测阶段的测试方法以及基本要求与前测一致。

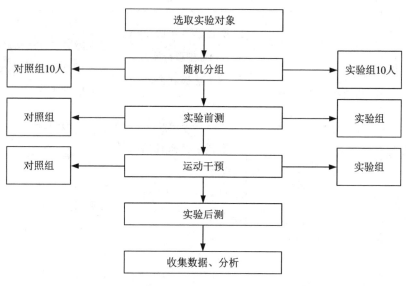

图5-1　实验设计过程

（二）实验器材

实验器材：护具、轮滑鞋、轮滑桩、球、网球拍、垒球棒、轮胎、音响、本子、笔等。

（三）测量工具

测量工具：粗大动作发展测试第三版（TGMD-3）。

根据粗大动作发展测试第三版（TGMD-3），对实验对象进行以轮滑运

动为干预的课程，每周 2 次，课时 60 分钟，时长共 12 周，同时要进行实验前测和实验后测的动作协调能力测试。TGMD-3 测试项目如表 5 – 3 所示：

表 5 – 3　粗大动作发展测试一览表

粗大动作发展测试第三版（TGMD – 3）
移动类动作能力测试：跑步、前滑步、立定跳远、跨跳、单脚跳、侧滑步
物体操作类动作能力测试：双手挥棒击打固定球、双手接固定球、单手击打固定球、单手拍球、下手投球、肩上投球、脚踢固定球

每个动作都有 3 ~ 5 点动作评分标准，动作完成记为"1"，即得 1 分，没有完成则不评分。每个项目测试 2 次，累加 2 次测试成绩，为最后测试成绩。移动类动作能力测试项目，总分范围是 0 ~ 46 分；物体操作类动作能力测试项目，得分范围是 0 ~ 54 分。最后两个项目总分相加得分高，表明大肌肉动作协调发展水平较高；得分低，表明大肌肉动作协调发展水平较低。

（四）控制变量

12 周的训练周期，实验组被试者都正常参加学校内的所有课程学习，在体育课的时候上体育运动干预课。对照组被试者都正常参加学校内的所有课程学习，根据学校课程内容照常上体育课。

1. 自变量：自变量为运动干预，即实验组进行体育活动干预课程和对照组进行常规体育课程。

2. 因变量：实验组和对照组的动作协调能力发展水平。

四、实验结果与分析

（一）移动类动作能力项目测试数据分析

实验组与对照组实验前移动类动作能力项目测试的得分情况如表 5 – 4，实验干预前，将实验组与对照组的移动类动作能力项目测试得分进行对比，孤独症儿童移动类动作能力处于同一水平，区别不大，无显著性差异（$P >$ 0.05）。

表5-4　实验组与对照组实验前移动类动作能力项目测试得分对比

项目	实验前实验组 $X \pm S$	实验前对照组 $X \pm S$	t	P
跑步	3.4 ± 0.96	3.5 ± 0.42	0.24	0.45
前滑步	1.8 ± 0.42	1.9 ± 0.31	0.60	0.23
单脚跳	3.9 ± 0.31	4.0 ± 0.47	0.55	0.89
跨跳	3.2 ± 0.52	3.0 ± 0.47	0.78	0.26
立定跳远	2.8 ± 0.42	2.8 ± 0.91	3.28	0.09
侧滑步	3.8 ± 0.47	3.9 ± 0.51	0.43	0.86

注：* 代表 $P < 0.05$，具有显著性差异，** 代表 $P < 0.01$，非常具有显著性差异，下同。

（二）移动类动作能力测试数据分析

实验组与对照组实验前后移动类动作能力测试的总分情况如表5-5，实验前实验组的移动类动作能力测试总分为 3.33 ± 0.89 分，实施十二周运动干预后，总分为 5.08 ± 1.57 分，平均增长 1.75 ± 1.15 分；实验前对照组的移动类动作能力测试总分为 3.38 ± 0.80 分，十二周后，总分为 3.76 ± 1.48 分，平均增长 0.62 ± 0.68 分。实验组和对照组成绩差异非常显著（$P = 0.00 < 0.01$）。实验组前后移动类动作能力的测试总分明显提高，而对照组不明显。

表5-5　实验组与对照组实验前后移动类动作能力测试结果

组别	实验前 $X \pm S$	实验后 $X \pm S$	t	P
实验组	3.33 ± 0.89	5.08 ± 1.57	-5.09	0.00**
对照组	3.38 ± 0.80	3.76 ± 1.48	-1.08	0.32

经过十二周的干预后，实验组的跑步、跨跳、单脚跳、立定跳远和侧滑步项目的分数都显著提高，而前滑步项目分数提升缓慢；对照组的移动类动作能力也呈现增长的趋势，不过相对于实验组提升得缓慢一些。相对于对照组，参加体育干预活动对实验组的移动类动作能力的影响更加显著。

1. 移动类动作各指标测试结果

（1）跑步项目测试情况

表5-6显示，实验前实验组跑步项目测试成绩为 3.8 ± 0.42 分，实验后的成绩为 5.7 ± 0.94 分，平均增长 1.9 ± 0.73 分；实验前对照组跑步项目

测试成绩为3.5±0.84分，十二周后，成绩为4.1±1.44分，平均增长0.60±1.77分。实验组前后测成绩具有非常显著性差异（$P=0.00<0.01$），对照组不具有显著性差异（$P=0.31>0.05$）。

表5-6　实验组与对照组实验前后跑步项目测试结果

组别	实验前 $X±S$	实验后 $X±S$	t	P
实验组	3.8±0.42	5.7±0.94	-12.4	0.00**
对照组	3.5±0.84	4.1±1.44	-1.06	0.31

经过为期十二周的干预，实验组的孩子从"稍微摆动手臂、整个脚掌跑步"到能完成"双臂屈肘摆动，摆动方向与大腿抬腿方向相反"和"双腿脚掌短时间离开地面"，但是还是不能分清楚前后脚掌落地跑；而对照组的孩子只能完成"手臂摆动与大腿的方向"，其他的动作不明显。

（2）前滑步项目测试情况

由表5-7显示，实验前实验组的前滑步项目测试成绩为1.8±0.42分，实验后前滑步项目测试成绩为3.0±0.31分，平均增长1.2±0.48分；实验前对照组前滑步项目测试成绩为1.9±0.31分，实验后测项目成绩为2.0±0.82分，平均增长0.1±0.73分。

表5-7　实验组与对照组实验前后前滑步项目测试结果

组别	实验前 $X±S$	实验后 $X±S$	t	P
实验组	1.8±0.42	3.0±0.31	-8.51	0.00**
对照组	1.9±0.31	2.0±0.82	0.42	0.67

经过十二周的干预后，实验组的孩子从"主动向前跑跳，手臂轻微摆动（没有完成4个连续滑步）"到能完成"双腿脚掌短时间同时离开地面"和"双臂屈肘，摆动方向与大腿抬腿方向相反"的动作，但是一直不能顺利完成"连续四次有节奏性模式的前滑步"的动作；而对照组的孩子只能完成"双腿脚掌短时间同时离开地面"的动作，且动作幅度不是很明显。因此可以得知：体育活动干预对实验组的前滑步项目的影响不显著。

（3）单脚跳项目测试情况

由表5-8显示，实验前实验组的单脚跳项目成绩为4.0±0.31分，实验后测成绩为 5.8 ±0.47 分，平均增长 1.8 ±0.56 分；实验前对照组的单脚跳项目测试成绩为 4.0 ±0.47 分，十二周后，成绩为 4.3 ±0.94 分，平均增长 0.3 ±1.33 分。

表 5 − 8 实验组与对照组实验前后单脚跳项目测试结果

组别	实验前 $X \pm S$	实验后 $X \pm S$	t	P
实验组	4.0 ±0.31	5.8 ±0.47	− 10.69	0.00**
对照组	4.0 ±0.47	4.3 ±0.94	0.71	0.49

经过十二周的干预后，实验组儿童从只会"向前持续连续跳跃（但是其他动作标准不符合要求）"到能够做出"非支撑腿用力向前摆动"和"用惯用的脚连续跳 4 次"的动作，但是一直不能完成"两臂屈肘向前后摆动产生动力"的动作；而对照组儿童在没有任何干预的情况下只有一点的进步，只能完成"双腿脚掌短时间离开地面"的动作标准，且幅度不明显。因此得知：体育活动干预对实验组的单脚跳项目具有非常显著性的影响。

（4）跨跳项目测试情况

由表 5 −9 显示，实验前实验组的跨跳项目成绩为 3.5 ±0.52 分，实验后跨跳的项目成绩为 5.9 ±0.31 分，平均增长 2.4 ±0.69 分；实验前对照组跨跳项目测试成绩为 3.0 ±0.47 分，实验后测项目成绩为 3.9 ±0.31 分，平均增长 0.9 ±0.56 分。

表 5 −9 实验组与对照组实验前后跨跳项目测试结果

组别	实验前 $X \pm S$	实验后 $X \pm S$	t	P
实验组	3.5 ±0.52	5.9 ±0.31	− 11.75	0.00**
对照组	3.0 ±0.47	3.9 ±0.31	− 5.01	0.13

经过十二周的干预后，实验组的对象从"完成 4 次连续有节奏性的交替跳"的动作标准达不到要求到最后动作要求满分；而对照组的对象只能完成"左右单脚向前跳起"和"两臂弯曲，手臂摆动与大腿抬腿的动作方向相反"。因此可以得知：体育活动干预对实验组的跨跳项目具有非常显著性的影响。

（5）立定跳远项目测试情况

由表 5 - 10 显示，实验前实验组的立定跳远项目成绩为 2.8 ± 0.42 分，实验后立定跳远的项目成绩为 5.9 ± 0.70 分，平均增长 2.1 ± 0.48 分；实验前对照组的立定跳远项目测试成绩为 2.8 ± 0.91 分，实验后测项目成绩为 3.2 ± 0.78 分，平均增长 0.4 ± 0.96 分。实验前测时，实验组和对照组不具有显著性差异（$P = 0.86 > 0.05$）；实验后测时，实验组和对照组成绩差异非常显著（$P = 0.00 < 0.01$）。

表 5 - 10　实验组与对照组实验前后立定跳远项目测试结果

组别	实验前 $X \pm S$	实验后 $X \pm S$	t	P
实验组	2.8 ± 0.42	5.9 ± 0.70	4.96	0.00**
对照组	2.8 ± 0.91	3.2 ± 0.78	1.30	0.22

经过十二周的干预后，实验组儿童从实验前只会完成"双脚同时起跳并落地"的动作，其他动作标准比较难以完成，到实验后能进一步完成"两腿屈膝，同时两手尽量向后摆动"的动作，中间有学会过"落地时两臂向下落"的动作（最后动作测试不清楚）；而对照组的孩子最后只能完成"双脚同时起跳并落地"的动作。因此可以得知：体育活动干预对实验组的立定跳远项目具有非常显著性的影响。

（6）侧滑步项目测试情况

由表 5 - 11 显示，实验前实验组的侧滑步项目成绩为 3.8 ± 0.47 分，实验后测的成绩为 6.3 ± 0.82 分，平均增长 2.5 ± 0.97 分；实验前对照组的侧滑步项目测试成绩为 3.9 ± 0.51 分，实验后的成绩为 5.5 ± 2.06 分，平均增长 1.4 ± 1.84 分。实验前测时，实验组与对照组不具有显著性差异（$P = 0.86 > 0.05$）；实验后测时，实验组和对照组成绩差异非常显著（$P = 0.00 < 0.01$）。实验组侧滑步测试总分提高，测试成绩显著高于对照组，两组的测试成绩都具有显著性差异（$P = 0.00 < 0.01$；$P = 0.03 < 0.05$）。

表 5 - 11　实验组与对照组实验前后侧滑步项目测试结果

组别	实验前 $X \pm S$	实验后 $X \pm S$	t	P
实验组	3.8 ± 0.47	6.3 ± 0.82	- 9.85	0.00**
对照组	3.9 ± 0.51	5.5 ± 2.06	2.57	0.03*

经过十二周的干预后，实验组的孩子在实验前侧滑步就做得比较流畅，但是动作不标准并分辨不清楚哪只脚向前侧滑步到动作接近满分。而对照组的孩子只能完成"侧身站立双肩与地上平行"和"（非）优势侧各自连续滑行4次"的动作。

轮滑运动包括了跑、跳、滑行等基本动作，所以才在移动类动作能力测试中影响效果非常显著，也进一步说明了体育活动对孤独症儿童的移动类动作能力有显著的效果。

（三）物体操作类动作能力项目测试数据分析

实验组与对照组实验前物体操作类动作能力项目测试的得分情况如表5-12所示，实验干预前，将实验组与对照组的物体操作类动作能力项目测试得分进行对比，孤独症儿童物体操作类动作能力处于同一水平，均无显著性差异（$P > 0.05$）。

表5-12　实验组与对照组实验前物体操作类动作项目测试得分对比

项目	实验前实验组 $X \pm S$	实验前对照组 $X \pm S$	t	P
双手挥棒击打固定球	2.6 ± 0.69	2.7 ± 0.48	0.37	0.30
单手击打固定球	1.8 ± 0.42	1.8 ± 0.35	0.23	0.23
单手拍球	3.4 ± 1.07	3.1 ± 0.56	0.78	0.06
双手接固定球	3.7 ± 0.48	3.2 ± 0.63	1.98	0.66
脚踢固定球	1.8 ± 0.67	2.3 ± 0.67	1.87	0.65
肩上投球	1.8 ± 0.42	2.1 ± 0.42	4.43	0.44
下手投球	2.5 ± 0.69	2.5 ± 0.85	0.21	0.89

（四）物体操作类动作能力测试数据分析

实验组与对照组的物体操作类动作能力测试总分情况如表5-13所示，实验前实验组的物体操作类动作能力测试总分为3.0 ± 1.0分，实验后的总分为3.71 ± 1.53分，平均增长0.71 ± 0.53分；实验前对照组的操作类动作能力测试总分为2.71 ± 0.49分，实验后测总分为2.85 ± 0.02分，平均增长

0.14±0.21分。实验前测时，实验组与对照组测试成绩不具有显著性差异（$P=0.87>0.05$）；实验后测时，实验组和对照组成绩差异显著（$P=0.04<0.05$）。实验组前后测试成绩具有显著性差异（$P=0.03<0.05$），对照组不具有显著性差异（$P=0.60>0.05$）。

表5-13　实验组与对照组实验前后物体操作类动作能力测试结果

组别	实验前 $X±S$	实验后 $X±S$	t	P
实验组	3.0±1.0	3.71±1.53	-2.87	0.03*
对照组	2.71±0.49	2.85±0.02	-0.55	0.60

实验组的单手拍球项目的分数明显提高，双手挥棒击打固定球、双手接固定球、脚踢固定球和下手投球项目分数缓慢提高，而单手击打固定球和肩上投球项目分数差异不明显；对照组的物体操作类动作能力呈现比较缓慢的增长趋势，和实验组相比增长得更慢一些。

1. 物体操作类动作各指标测试结果

（1）双手挥棒击打固定球项目测试情况

由表5-14显示，实验前实验组的双手挥棒击打固定球项目成绩为2.6±0.69分，实验后成绩为4.4±0.67分，平均增长1.5±0.87分；实验前对照组的双手挥棒击打固定球项目测试成绩为2.7±0.48分，十二周后，成绩为3.1±0.31分，平均增长0.4±0.51分。实验前测时，实验组与对照组不具有显著性差异（$P=0.31>0.05$）；实验后测时，实验组和对照组成绩差异非常显著（$P=0.00<0.01$）。

表5-14　实验组与对照组实验前后双手挥棒击打固定球项目测试结果

组别	实验前 $X±S$	实验后 $X±S$	t	P
实验组	2.6±0.69	4.4±0.67	-7.58	0.00**
对照组	2.7±0.48	3.1±0.31	-2.44	0.03*

经过十二周的干预后，实验组的孩子完成了从"非优势手一侧朝前（正前方）"的动作到能进一步完成"惯用手在上方、非惯用手在下的握住

球棒"和"向前挥棒击到球"的动作（不能保证每次都能击到球），但是"击球转身时肩髋同时转动"和"非惯用腿向前上一步"的动作一直不能做到；而对照组的孩子只能完成"惯用手在上非惯用手在下的握住球棒"和"向前挥棒击到球"的动作，其余动作仍旧无法做到。由此可知：体育活动干预对实验组的双手挥棒击打固定球项目具有一定的显著性影响，但效果不明显。

（2）单手击打固定球项目测试情况

由表 5 - 15 显示，实验前实验组的单手击打固定球项目成绩为 1.8 ± 0.42 分，实验后项目成绩为 2.0 ± 0.37 分，平均增长 0.2 ± 0.53 分；实验前对照组单手击打固定球项目测试成绩为 1.8 ± 0.35 分，十二周后，测试成绩为 1.9 ± 0.84 分，平均增长 0.1 ± 0.12 分。实验前测时，实验组和对照组差异不显著（$P = 0.86 > 0.05$）；实验后测时，实验组和对照组成绩差异不显著（$P = 0.89 > 0.05$）。

表 5 - 15　实验组与对照组实验前后单手去打固定球项目测试结果

组别	实验前 $X \pm S$	实验后 $X \pm S$	t	P
实验组	1.8 ± 0.42	2.0 ± 0.37	1.01	0.34
对照组	1.8 ± 0.35	1.9 ± 0.84	0.89	0.67

实验前，实验对象只会朝墙方向击球，而球从地面弹起、拍子向后引拍和挥拍过肩的动作无法做到。经过 12 周的干预后，实验组和对照组的儿童还是只能完成"朝墙方向击球"的动作，其余动作都不符合标准要求。结果表明，体育活动干预对实验组的单手击打固定球项目影响不显著。

（3）单手拍球项目测试情况

由表 5 - 16 显示，实验前实验组的单手拍球项目成绩为 3.4 ± 1.07 分，实验后成绩为 5.1 ± 1.49 分，平均增长 1.7 ± 2.07 分；实验前对照组的单手拍球项目测试成绩为 3.1 ± 0.56 分，十二周后，后测项目成绩为 3.3 ± 0.94 分，平均增长 0.2 ± 1.13 分。实验组前后测试成绩具有显著性差异（$P = 0.02 < 0.05$），而对照组的显著性差异则不明显。

表 5 – 16　实验组与对照组实验前后单手运球项目测试结果

组别	实验前 $X \pm S$	实验后 $X \pm S$	t	P
实验组	3.4 ± 1.07	5.1 ± 1.49	− 2.89	0.02*
对照组	3.1 ± 0.56	3.3 ± 0.94	0.55	0.59

实验前，实验组和对照组的儿童在单手拍球过程中能很好地控制球，但双脚一直都有持续的移动。经过十二周的干预，实验组的儿童有完成"原地不动拍球 4 次"的动作；对照组的儿童能完成"指尖触球"和"原地拍球 4 次"的动作。

（4）双手接固定球项目测试情况

由表 5 – 17 显示，实验前实验组的双手接固定球项目成绩为 3.7 ± 0.48 分，实验后成绩为 4.8 ± 0.42 分，平均增长 1.1 ± 0.73 分；实验前对照组双手接固定球项目测试成绩为 3.2 ± 0.63 分，十二周后，成绩为 3.3 ± 0.67 分，平均增长 0.1 ± 0.56 分。

表 5 – 17　实验组与对照组实验前后双手接固定球项目测试结果

组别	实验前 $X \pm S$	实验后 $X \pm S$	t	P
实验组	3.7 ± 0.48	4.8 ± 0.42	− 4.71	0.00**
对照组	3.2 ± 0.63	3.3 ± 0.67	0.55	0.59

实验前，两组孩子都有向前伸出双手来迎接球的动作，并且能够双手接到球，但是每次老师喊出"准备"口令后，孩子们都没有做好接球的准备动作。经过 12 周的干预后，实验组的孩子已经有"两臂张开放在身体前，向前伸臂迎球"的动作；而对照组的孩子只能完成"用手接住球"的动作，其他动作不太明显。因此可以得知：体育活动干预对实验组的双手接固定球项目具有显著性的影响。

（5）脚踢固定球项目测试情况

由表 5 – 18 显示，实验前实验组的脚踢固定球项目成绩为 1.8 ± 0.67 分，实验后成绩为 2.8 ± 1.26 分，平均增长 1.0 ± 1.33 分；实验前对照组脚踢固定球项目测试成绩为 2.3 ±0.67 分，十二周后，成绩为 2.6 ±0.945 分，平均增长 0.3 ±1.07 分。实验组前后测试成绩具有显著性差异（$P = 0.04 < 0.05$），而对照组的显著性差异不明显（$P = 0.11 > 0.05$）。

表 5 – 18　实验组与对照组实验前后脚踢固定球项目测试结果

组别	实验前 $X \pm S$	实验后 $X \pm S$	t	P
实验组	1.8 ±0.67	2.8 ±1.26	– 1.65	0.04 *
对照组	2.3 ±0.67	2.6 ±0.94	1.76	0.11

经过 12 周的干预后，实验组的孩子从"不断跑向球的方向"到能够完成"支撑脚站在球侧"和"非脚尖部位踢球"的动作；而对照组的孩子只能完成"快速、没有停顿性地跑向球"的动作，其他动作则不明显。

（6）肩上投球项目测试情况

由表 5 – 19 显示，实验前实验组的肩上投球项目成绩为 1.8 ±0.42 分，实验后成绩为 2.0 ±0.56 分，平均增长 0.2 ±0.34 分；实验前对照组的肩上投球项目测试成绩为 2.1 ±0.42 分，实验后成绩为 2.0 ±0.47 分，平均增长 0.3 ±0.42 分。实验组的前后测试成绩显著性差异不明显（$P = 0.44 > 0.05$），对照组的测试成绩差异显著性也不明显（$P = 0.57 > 0.05$）。

表 5 – 19　实验组与对照组实验前后肩上投球项目测试结果

组别	实验前 $X \pm S$	实验后 $X \pm S$	t	P
实验组	1.8 ±0.42	2.0 ±0.56	– 0.8	0.44
对照组	2.1 ±0.42	2.0 ±0.47	6.0	0.57

经过 12 周的干预后，实验组和对照组的孩子都只能完成"准备投球的姿势动作"，其他动作一直达不到要求。

（7）下手投球项目测试情况

由表 5 – 20 显示，实验前实验组的下手投球项目成绩为 2.5 ±0.69 分，实验后成绩为 4.1 ±1.35 分，平均增长 1.6 ±1.22 分；实验前对照组的下手投球项目测试成绩为 2.5 ±0.85 分，十二周后，成绩为 3.4 ±0.94 分，平均增长 0.9 ± 1.13 分。

表 5 – 20　实验组与对照组实验前后下手投球项目测试结果

组别	实验前 $X \pm S$	实验后 $X \pm S$	t	P
实验组	2.5 ± 0.69	4.1 ± 1.35	– 4.63	0.01 *
对照组	2.5 ± 0.85	3.4 ± 0.94	2.22	0.05 *

　　经过 12 周的运动方案后，实验组的孩子有"优势手向下摆动，并摆至躯体后侧"和"扔球脚异侧脚向前跨一步"的动作；而对照组的孩子只能完成"朝墙抛球，优势手向下摆动"的动作。由此可以得知：体育活动干预对实验组的下手投球项目具有一定的显著性影响，但效果不明显。

　　轮滑运动并没有涉及球类的操控类动作，所以在物体操作类动作测试中的效果并不佳，实验结果并不能说明轮滑一定对孤独症儿童的物体操作类动作能力产生积极影响。

（五）动作协调能力测试总分情况

　　由表 5 – 21 可知，实验前实验组的动作协调能力总分为 39.50 ± 0.52 分，实验后测的测试总分为 54.60 ± 3.31 分，平均增长 15.1 ± 2.64 分；实验前对照组的测试总分 40.20 ± 1.13 分，实验后测的测试总分为 42.70 ± 4.44 分，平均增长为 2.5 ± 4.83 分。实验前测时，实验组与对照组动作协调能力的成绩不具有显著性差异；实验后测时，实验组和对照组测试成绩具有非常显著性差异。实验组前后动作协调能力总分显著提高，对照组分数提升则不明显。

表 5 – 21　实验组与对照组实验前后动作协调能力测试结果

组别	实验前 $X \pm S$	实验后 $X \pm S$	t	P
实验组	39.50 ± 0.52	54.60 ± 3.31	– 12.95	0.00 **
对照组	40.20 ± 1.13	42.70 ± 4.44	– 1.55	0.15

　　实施十二周的体育活动干预可以逐步提高孤独症儿童的动作协调能力水平。体育活动可以有效地提高孤独症儿童的移动类动作能力和物体操作类动作能力，移动类动作能力更有显著性效果；移动类动作项目中，除前滑步不显著，其余影响显著；物体操作类动作项目中，双手挥棒击打固定球有较大

提升，而单手拍球、双手接固定球、脚踢固定球和下手投球则上升较慢，单手击打固定球和肩上投球还是毫无变化；而对照组的操作类动作能力都是呈现缓慢增长的趋势，相比实验组增长更慢一些。表明体育活动干预对孤独症儿童动作协调能力有积极的影响。这与 Yilmaz 等人提出运动干预可以提高孤独症儿童动作协调能力的研究一致。

五、结论与建议

（一）结论

1. 经过 12 周的运动干预后，孤独症儿童在移动类动作能力和物体操作类动作能力方面均有改善，证实体育活动可以有效地改善孤独症儿童的动作协调能力。

2. 体育活动可以有效地提高孤独症儿童的移动类动作能力和物体操作类动作能力，移动类动作能力更有显著性效果（$P = 0.00 < 0.01$）。经过 12 周的干预后，孤独症儿童侧滑步项目的测试成绩就已接近满分，跑步、单脚跳、跨跳和立定跳远项目的动作水平提升显著，而前滑步项目的提升不显著。

3. 体育活动干预对孤独症儿童的物体操作类动作能力有一定的影响，但效果并不明显。其中双手挥棒击打固定球、双手接固定球以及下手投球有一定的效果，而其余 4 项动作测试则提升不大，显著性差异不明显。

（二）建议

1. 体育活动对孤独症儿童移动类动作能力的改善效果非常显著，但由于干预时间比较简短，运动方案不够系统，不能进一步说明体育活动对其移动类动作能力的效果。只有适当地增加实验周期进行训练，才能使量变引起质变。

2. 由于轮滑对操作类动作能力的效果不明显，提升不大，在运动方案中可以适当增加球类内容来提高孤独症儿童的动作协调能力。

3. 在轮滑体育活动中，应根据孤独症儿童的特点及发展需要，结合其实际情况，有目的地设计教学活动内容，在发展患儿动作协调能力和提高体质的同时发展其基本的动作技能，促使孤独症儿童更加容易融入社会。

第二节　轮滑对孤独症儿童基本动作技能影响的个案研究

一、实验设计

采用单一被试的实验方法，在授课教练、训练内容、训练课时等其他条件相同的情况下，对实验对象采用轮滑的练习，通过从实验前后对孤独症儿童的实验指标等方面获取实验所需的有效数据，对该数据进行对比分析处理，并对处理结果进行比较分析。

（一）实验对象及选取

样本选取：在研究初期与湘潭市特殊学校的老师接触，公开招募 12 名孤独症儿童，最终选取 2 名症状相似的孤独症儿童，2 名患儿均于湘潭市特殊学校就读五年级，均在同一个班级。要求小欣与小宇在 12 周的训练周期内不能参加其他的体育兴趣班和体适能课程，在学校内的所有课程学习，包括学校体育课程，小欣与小宇均正常参与；小欣在实验期间的时间、地点以及接触的老师均固定，小宇则不参与此次轮滑的教学活动。

实验对象：选取湘潭市特殊学校自愿报名的 1 名孤独症儿童，化名小欣。实验组的患儿每周都需要参与轮滑课程。

对照对象：与实验对象同校同班相类似症状的 1 名孤独症儿童，化名小宇。对照组的患儿只需要在测试当天与实验组的患儿一起进行测试。

2 名孤独症儿童的基本情况如表 5-22 所示。

实验组小欣（化名），男，10 岁，身高 159 cm，体重 68 kg，性格开朗，非常活泼，喜欢打篮球。主要问题：下肢力量较弱，不喜欢跑步和跳跃，协调力量较差，体重偏重（集中在腹部）。作为家中独生子，深得父母宠爱，平时由父母照顾，父母上班时间，则由保姆照顾。

对照组小宇（化名），男，10 岁，身高 161 cm，体重 65 kg，性格比较开朗，喜欢跟别人分享自己的日常小故事，运动能力较差，比较喜欢篮球。

主要问题：下肢力量薄弱，不喜欢运动，平衡能力较差，体重偏重（集中在腹部）。家里还有 1 个 3 岁的弟弟，父母比较宠爱，平时由母亲照顾。

表 5 - 22　两名被试基本情况表

基本情况	小欣	小宇
性别	男	男
身高（cm）	159	161
体重（kg）	68	65
年龄	10	10
学校	湘潭市特殊学校	湘潭市特殊学校
运动爱好	篮球	篮球
有无运动禁忌	无	无

（二）实验时间、地点与活动设计

实验时间：2020. 10. 18—2021. 01. 03，每周两次，每次 90 分钟的训练时间。

实验地点：湘潭市特殊学校。

实验活动设计：依据论文《幼儿大肌肉动作发展的活动设计与实证研究》和专著《幼儿轮滑》的相关内容，为该孤独症儿童设计出为期 12 周的活动内容，如表 5 - 23 所示。

表 5 - 23　轮滑运动活动内容

	轮滑课程内容	教学目的	预期目标
第 1 周	1. 熟悉轮滑馆场地，观看基础视频了解轮滑	熟悉教学环境，喜欢轮滑	能适应新环境，想尝试独自穿上轮滑鞋
	2. 学习穿戴轮滑护具和穿脱轮滑鞋	学会轮滑护具的穿戴以及轮滑鞋的穿脱等	能在提醒下将护具、轮滑鞋穿好
第 2 周	3. 八字站立和平行站立（垫子）	能初步操控自己的身体	能单独在垫子上站立一段时间不摔倒
	4. 蹲起和原地踏步（垫子）	能比较好地控制身体抬脚	增强腿部力量和平衡能力

（续表）

	轮滑课程内容	教学目的	预期目标
第3周	5. 行进间踏步（垫子）	能操控大腿上抬向前走	增强腿部力量和重心转换
	6. 左右迈步移动（垫子）	能操控大腿向侧面移动	提升身体协调能力
第4周	7. 扶杆练习（单脚支撑、交叉步、大腿前抬等）（垫子）	能操控大腿向不同的方向移动，并且能控制一段时间	提升身体的柔韧程度和协调能力
	8. 跨过障碍物（垫子）	能抬起大腿一定高度，继续向前或者侧面	能在帮助下主动跨过障碍物
第5周	9. 行进间踏步（地面）	提高单脚支撑能力	能在帮助下缓慢行走一段距离
	10. 行进间踏步、起立（地面）	提高单脚支撑能力	能在保护下站起来
第6周	11. 向前摔跤、侧面摔跤（垫子）	提高安全意识和自我保护意识	学会正确的摔跤姿势，能够独自站立起来
	12. 原地推步练习（地面）	提高双足前后站立能力	在一定的帮助下完成推步练习
第7周	13. 制动器刹车（地面）	有抬脚的意识，控制身体姿态	学会制动器刹车
	14. 走步双滑（地面）	能够抬脚向前滑行	学会惯性滑行
第8周	15. 踏步转弯（地面）	掌握重心，调节身体形态	能独自完成转弯动作
	16. 基础滑行（地面）	加强基础滑行能力	能在较小的帮助下完成滑行动作
第9周	17. 基础滑行（抬起轮滑桩）（地面）	加强手眼协调能力	能在轮滑桩的帮助下进一步加强基础滑行
	18. 上下楼梯（户外楼梯）	提高下肢肌肉力量	在督促下能较好的完成

（续表）

	轮滑课程内容	教学目的	预期目标
第10周	19. 基础滑行（绕障碍物）（地面）	提升操控轮滑鞋的程度	能慢慢躲过障碍物
	20. 基础滑行（绕障碍物）（地面）	提升操控轮滑鞋的程度	能比较快躲过障碍物
第11周	21. 户外滑行	体验不同路面滑行带来的感受	在帮助下能够缓慢滑行
	22. 户外滑行	体验不同路面滑行带来的感受	在帮助下能够快速滑行
第12周	23. 公园前坪滑行	体验不同路面滑行带来的感受	能独自完成滑行
	24. 户外10公里滑行	课程结果检测	至少能够滑行6公里

（三）教学内容以及测量工具

1. 教学内容

根据相关理论，以轮滑运动对孤独症儿童进行干预活动。对孤独症儿童实施以平衡、柔钢、灵敏、速度素质为主，力量、耐力练习为辅的运动干预，可促进其身体形态、身体素质、身体机能的发展。每次活动90分钟，分为准备部分、基本部分、结束部分。实验分为基线期、介入期以及维基期，展开其基本动作技能的影响研究和分析。具体每节课安排为：

（1）热身准备，大约10分钟。共7节热身操，每节热身操四个八拍，以活动身体关节，防止运动损伤以及适应运动强度为主要目的，身体从上到下，从大关节到小关节进行活动，使其能上下肢配合完成热身动作。

（2）轮滑基础滑行以及复习，大约30分钟。前15分钟主要练习轮滑基础滑行，由于该孤独症儿童从未接触过轮滑，所以安排一半时间用来将轮滑滑行基础打牢，才便于后续的轮滑课程和数据采集的开展；后15分钟复习上一节课学过的内容，用以恢复和巩固其对轮滑的操控程度。

（3）休息环节，大约 10 分钟。期间患儿可以坐地休息、喝水及上厕所等。

（4）轮滑技术动作练习，大约 30 分钟。由于孤独症儿童学习动作能力较差，加之从未系统学习过轮滑，所以需要花费大量时间来进行轮滑技术动作的练习。可以通过降低轮滑的动作要求、放宽运动规则、设计合理教学和采用趣味的轮滑练习方法，让其掌握基本的轮滑技术动作与技巧，能在以后多参与轮滑运动。

2. 测量工具

根据粗大动作发展测试第三版（TGMD-3），以轮滑运动为干预手段对实验对象进行每周 2 次，每次 90 分钟，共 12 周即 24 节轮滑课程的综合干预，进行实验前的基线期（1 次）、实验中的介入期（6 次）以及实验后的维基期（3 次）共 10 次基本动作能力的测试。分别从：跑步、马步跑、单脚跳、跑跳步、立定跳远、侧滑步、双手击固定球、正手击抛落球、原地单手运球、双手接球、踢固定球、上手投球、低手抛球 13 个项目进行评分。每个动作有 3 ~ 5 个评分动作标准，每个动作标准完成则记为 "1"，即得 1分，没有完成则记为 "0"，视为 0 分。每个动作测试 2 次，2 次测试分数累加，为最后测试分数。具体评定：跑步 8 分；马步跑 8 分；单脚跳 8 分；跑跳步 6 分；立定跳远 8 分；侧滑步 8 分；双手击固定球 10 分；正手击抛落球 8 分；原地单手运球 6 分；双手接球 6 分；踢固定球 8 分；上手投球 8分；低手抛球 8 分。

粗大动作发展测试第三版（TGMD-3）主要项目分为移动技能测试和球类技能测试，前 6 项测试为移动技能测试项目，移动技能的测试结果得分依次相加，为各项移动技能测试总分，得分范围是 0 ~ 46 分；后 7 项为球类技能测试项目，得分依次进行相加，为各项球类技能测试总分，得分范围是 0~ 54 分。移动技能测试分数和球类技能测试分数相加得到粗大动作发展测试总分，得分范围是 0 ~ 100 分。得分高表明，大肌肉动作发展水平较高；得分低表明，某种关键的动作发展不足或缺乏。

（四）控制变量

1. 自变量

轮滑运动中包含了轮滑专项练习和体育游戏，结合小欣的特征，在轮滑运动中保持与小欣的沟通、交流和鼓励，在其不能完成任务学习时要及时给予帮助。

2. 因变量

实验组小欣和对照组小宇的基本运动技能能力的变化。

二、实验结果与分析

（一）基线期测试数据分析

1. 基线期移动技能测试数据分析

采用了 TGMD-3 测试，对小欣和小宇的移动技能进行了测试，包括跑步、马步跑、单脚跳、跑跳步、立定跳远和侧滑步 6 项。移动技能测试结果详见表 5 - 24。

表 5 - 24　基线期移动技能测试数据

	跑步	马步跑	单脚跳	跑跳步	立定跳远	侧滑步	总分
小欣	4	2	3	3	3	4	19
小宇	4	1	4	3	3	4	19

小欣的移动技能测试成绩总分为 19 分。其中跑步、跑跳步和侧滑步测试结果较好。跑步过程中能主动摆臂向前跑，但是是用整个脚掌在跑步；跑跳步跟跑步比较相似，也能主动向前跑跳，但是每次做完都没有连续 4 次正确动作；侧滑步也做得比较流畅，但是还不清楚向左侧滑步。而马步跑、单脚跳和立定跳远的测试结果比较差，马步跑过程中只会双脚短暂同时离地，其他动作无法标准做出；单脚跳过程中只会持续向前跳跃，其他动作标准无法完成；立定跳远过程中只会双脚同时起跳同时落地，其他动作标准比较难完成。

小宇的移动技能测试成绩总分为 19 分，与小欣的情况大致相同。

2. 基线期球类技能测试数据分析

采用了 TGMD-3 测试，对小欣和小宇的球类技能进行了测试，包括双手击固定球、正手击抛落球、原地单手运球、双手接球、踢固定球、上手投球和低手抛球 7 项。球类技能测试结果详见表 5 - 25。

表 5 – 25　基线期球类技能测试数据

	双手击固定球	正手击抛落球	原地单手运球	双手接球	踢固定球	上手投球	低手抛球	总分
小欣	4	2	4	4	2	2	4	22
小宇	3	2	3	3	3	2	3	19

小欣的球类技能测试成绩总分为 22 分。其中原地单手运球、双手接球和低手抛球测试结果较好，原地单手运球过程中能很好地控制球，但一直持续向前运球，而并非原地运球；双手接球过程中双手能快速迎球，且都能双手接到球，但每次提醒了"准备"后直到将球抛出，都没有接球准备动作；低手抛球过程中能较好地向后引球后朝墙面抛球，且可以直接击打到前方墙面，但一直不清楚需要向前跨步和手臂后续挥至胸前动作。而双手击固定球、正手击抛落球、踢固定球和上手投球测试结果比较差，双手击固定球过程中只会抓住球棒后击打到球，其余的动作无法做到；正手击抛落球过程中只会朝墙面击球，而球自由落下、向后引拍和挥拍过肩无法做到；踢固定球过程中只会不断跑向球，其余的动作一概无法做到；上手投球只会准备投球姿势，其余动作无法做到。

小宇的球类技能测试成绩总分为 19 分。其中只有踢固定球中比小欣的分数稍高，其他项均落后或者相似。

（二）实验过程数据分析

采用粗大动作发展测试第三版（TGMD-3），对小欣和小宇的基本动作技能（共计 13 项）进行了测量，基线期（第 0 周）、介入期（第 1、3、5、7、9、11 周）、维基期（第 13、16、20 周）共计 10 次测试。

1. 轮滑对跑步测试的影响

由图 5 – 2 可知，小欣在介入期阶段上升了 3 分，能完成"双臂弯曲，手臂摆动方向与腿的动作方向相反"和"非支撑脚弯曲靠近臀部"的动作，但不能区分前脚掌着地跑和全脚掌跑；维基期阶段维持了一段时间后有所下降，到第 20 周测试时，小欣已经完全变成全脚掌着地进行跑步。而小宇在没有经过任何干预的情况下呈现下降—上升—下降的状态，期间能完成"双脚短时间同时离地"和"双臂弯曲，手臂摆动方向与腿的动作方向相反"的动作，但却不明显。由此得知：轮滑对孤独症儿童的跑步有积极促进的效果，且效果比较明显。

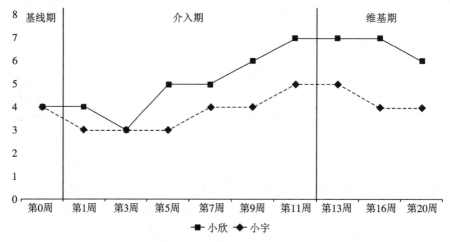

图 5 - 2　跑步测试结果变化

2. 轮滑对马步跑测试的影响

由图 5 - 3 可知，小欣在介入期阶段上升了 1 分，能完成"双脚短时间同时离地"的动作，但是一直不能完成"双臂弯曲，朝前摆动"和"连续有节奏地马步跑 4 次"的动作，在第 5 周测试当中做到了一次前滑步的动作；维基期阶段一直维持在 3 分。而小宇在没有经过任何干预的情况下有一点点的上升，经过多次测试，小宇能完成"双脚短时间同时离地"的动作，但却不明显。由此得知：轮滑对孤独症儿童的马步跑有促进效果，但是效果不明显。

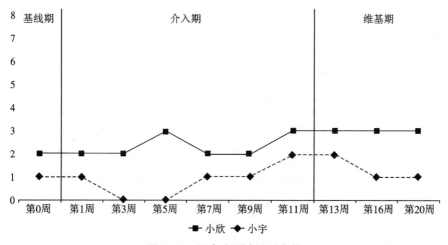

图 5 - 3　马步跑测试结果变化

3. 轮滑对单脚跳测试的影响

由图 5 – 4 可知，小欣在介入期阶段上升了 1 分，能完成"摆动腿用力向前摆动"和"单脚连续跳 4 次"的动作，但是一直不能完成"双臂弯曲朝前摆动，产生带动力"的动作，在第 7 周和第 11 周测试当中做到了一次"摆动腿的脚始终在起跳腿之后"的动作；维基期阶段一直维持在 3 分。而小宇在没有经过任何干预的情况下有一点点的上升，经过多次测试，能完成"双脚短时间同时离地"的动作标准，但却不明显。由此得知：轮滑对孤独症儿童的单脚跳有积极促进的效果，效果比较明显。

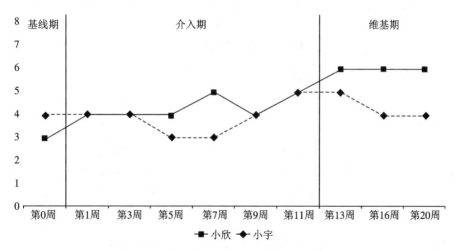

图 5 – 4 单脚跳测试结果变化

4. 轮滑对跑跳步测试的影响

由图 5 – 5 可知，小欣在介入期阶段上升到 6 分满分，在第 1 周测试当中只有"连续有节奏的交替跑跳 4 次"的动作没有做到，而第 3 周下降的原因是这周正好练习在软地面的向前踏步，手臂一直放在膝盖或者背在背后，可能是导致分数下降的原因，而后续的测试中不断上升到 6 分满分；维基期阶段一直维持在 6 分满分。而小宇在没有经过任何干预的情况下有一点点的上升，经过多次测试，能完成"一脚向前垫步跳起"和"双臂弯曲，手臂摆动方向与腿的动作方向相反"的动作。由此得知：轮滑对孤独症儿童的跑跳步有积极促进的效果，且效果非常明显。

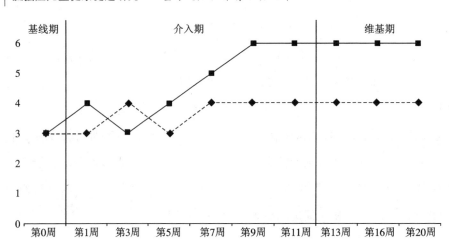

图 5-5 跑跳步测试结果变化

5. 轮滑对立定跳远测试的影响

由图 5-6 可知，小欣在介入期阶段上升 2 分，在第 3 周测试当中两次测试都完成了"两腿屈膝，两手尽量往后摆"的动作，而第 5 周下降的原因是其手臂摆动时没有超过头部，但后续的测试中手臂也都摆到了超过头部的位置；维基期阶段维持一段时间后有所下降，一直到最后也不清楚"落地时两臂自然下摆"的动作。而小宇在没有经过任何干预的情况下有一点点的上升，经过多次测试，能完成"两脚同时起跳同时落地"的动作。由此得知：轮滑对孤独症儿童的立定跳远有积极促进的效果。

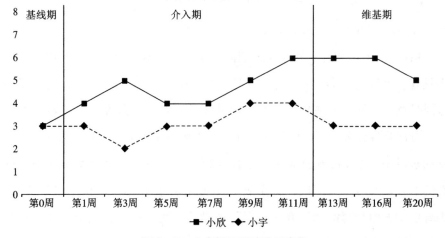

图 5-6 立定跳远测试结果变化

6. 轮滑对侧滑步测试的影响

由图 5-7 可知，小欣在介入期阶段上升到 8 分满分，第 5 周下降的原因是其中一次测试没有双脚同时离地，后续的测试中慢慢达到 8 分满分；维基期阶段一直维持在 8 分满分。而小宇在没有经过任何干预的情况下有一些上升，经过多次测试，能完成"侧身，双肩与标志线平行"和"向左向右各自连续滑行 4 次"的动作。由此得知：轮滑对孤独症儿童的侧滑步有积极促进的效果，且效果显著。

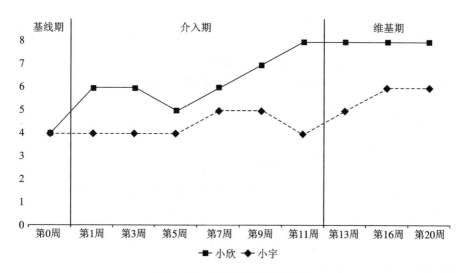

图 5-7　侧滑步测试结果变化

7. 轮滑对双手击固定球测试的影响

由图 5-8 可知，小欣在介入期阶段仅仅上升 1 分，完成了"非惯用手一侧朝前"的动作，仍然不能完成"击球时交替转动双肩双臀"和"非惯用脚向前跨一步"的动作；维基期阶段有小幅度的波动，即每次不一定都能击打到球，且不能完成的动作仍旧无法完成。而小宇在没有经过任何干预的情况下有一些上升，经过多次测试，能完成"惯用手在非惯用手上方，抓住球棒"和"前挥击到球"的动作，小欣没有完成的动作小宇也没有完成。由此得知：轮滑对孤独症儿童双手击固定球改善效果不明显。

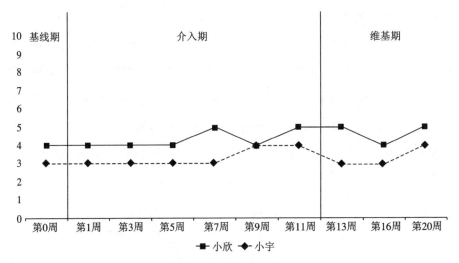

图 5 - 8 双手击固定球测试结果变化

8. 轮滑对正手击抛落球测试的影响

由图 5 - 9 可知，小欣在介入期阶段分数无变化，甚至中途还有所下降，只能完成"非惯用脚向前跨一步"和"朝墙面击球"的动作，其余动作无法做出，第 3 周测试当中下降的原因是没有击中掉落的球；维基期阶段一直没有变化。而小宇在没有经过任何干预的情况下也稍微下降，经过多次测试，能完成"朝墙面击球"的动作。由此得知：轮滑对孤独症儿童的正手击抛落球没有任何改善效果。

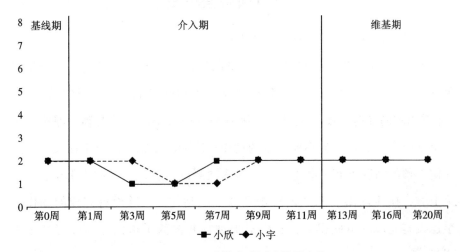

图 5 - 9 正手击抛落球测试结果变化

9. 轮滑对原地单手运球测试的影响

由图 5 – 10 可知，小欣在介入期阶段上升 1 分，第 9 周有所下降，下降的原因是未完成原地不动的运球；维基期阶段先达到满分后又下降并保持在该水平，即后续的两次测试中小欣都有一次测试是原地不动运球的。而小宇在没有经过任何干预的情况下有一些上升，经过多次测试，能完成"五指触球"和"原地不动，连续运球 4 次"动作。由此得知：轮滑对孤独症儿童原地单手运球有一定改善效果。

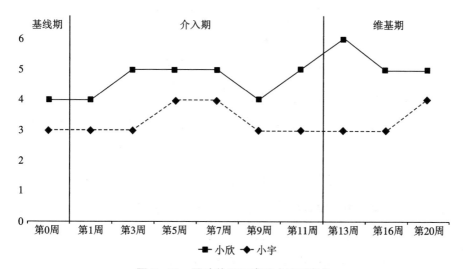

图 5 – 10　原地单手运球测试结果变化

10. 轮滑对双手接球测试的影响

由图 5 – 11 可知，小欣在介入期阶段上升 1 分，第 3 周有所下降，下降的原因是第二次测试中没有"两臂弯曲于胸腹前"的动作，后续的测试分数均在慢慢上升，到第 11 周时已经有"两臂张开伸臂迎球"的动作；维基期阶段维持一段时间后分数有所下降。而小宇在没有经过任何干预的情况下中途有所下降，但到最后又回到原地，经过多次测试，能完成"用双手接住球"的动作。由此得知：轮滑对孤独症儿童的双手接球有一定改善效果，但效果一般。

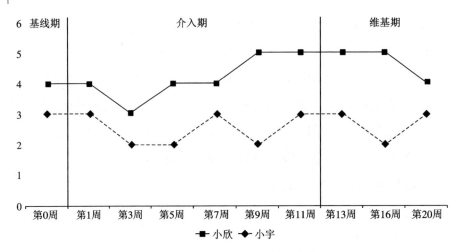

图 5 – 11   双手接球测试结果变化

11. 轮滑对踢固定球测试的影响

由图 5 – 12 可知，小欣在介入期阶段上升 1 分，第 7 周有所上升，上升的原因是第一次测试中完成了"支撑脚站在球侧"的动作，之后又下降至之前水平；维基期阶段维持一段时间后有所上升，上升的原因是"非脚趾部位踢球"。而小宇在没有经过任何干预的情况下途中有所上升，甚至超过了小欣的成绩；经过多次测试，能完成"快速、不间断地跑向球"的动作。由此得知：轮滑对孤独症儿童的踢固定球毫无改善效果。

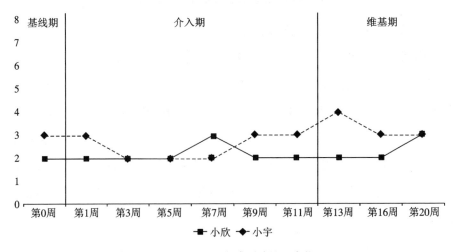

图 5 – 12   踢固定球测试结果变化

12. 轮滑对上手投球测试的影响

由图 5 – 13 可知，小欣在介入期阶段分数毫无变化，甚至第 3 周与第 9 周测试时还有所下降，下降的原因是测试中没有完成"手臂向下挥动，准备投球"的动作；维基期阶段一直维持在 2 分，其余动作均未完成。而小宇在没有经过任何干预的情况下中途有所上升，有一段时间甚至超过了小欣；经过多次测试，能完成"手臂向下挥动，准备投球"的动作。由此得知：轮滑对孤独症儿童的上手投球没有任何改善效果。

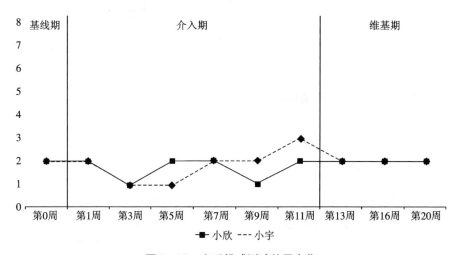

图 5 – 13 上手投球测试结果变化

13. 轮滑对低手抛球测试的影响

由图 5 – 14 可知，小欣在介入期阶段上升 2 分，在第 5 周和第 11 周测试中有所上升，上升的原因是分别完成了一次"惯用手向下摆动，并摆至体后""非惯用脚向前跨一步"的动作；维基期阶段维持在 5 分，每次测试中都有一次"非惯用脚向前跨一步"的动作。而小宇在没有经过任何干预的情况下中途有所上升，最终返回至 3 分，经过多次测试，能完成"朝墙抛球，触墙前球不能触地反弹"的动作。由此得知：轮滑对孤独症儿童的低手抛球有一定改善效果，但是效果不明显。

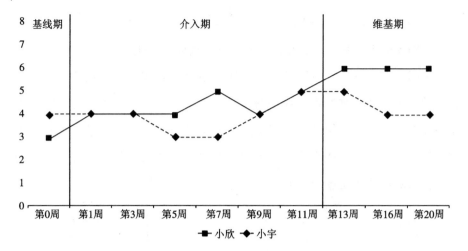

图5－14　低手抛球测试结果变化

（三）基线期与维基期结果对比分析

1. 移动技能前后对比分析

由表5－26可知，小欣的跑步、单脚跳、跑跳步、立定跳远和侧滑步都有很大的提升，而马步跑则上升较慢；小宇的移动技能也都是呈现增长的趋势，不过相比小欣更慢一些。总体来看，轮滑对移动技能的影响尤为显著。

表5－26　基线期与维基期移动技能测试数据

	小欣基线期	小欣维基期	小宇基线期	小宇维基期
跑步	4	6.7	4	4.3
马步跑	2	3	1	1.3
单脚跳	3	6	4	4.3
跑跳步	3	6	3	4
立定跳远	3	5.7	3	3
侧滑步	4	8	4	5.7

轮滑运动结合了跑、跳、滑行等基本动作，所以在移动技能测试中才有如此显著的效果，也可以进一步说明轮滑运动对孤独症儿童的移动技能有显著的效果。

2. 球类技能前后对比分析

由表5－27可知，小欣的原地单手运球有较大提升，而双手击固定球、双手接球、踢固定球和低手抛球上升较慢，正手击抛落球和上手投球毫无变化；小宇的球类技能都呈现缓慢增长的趋势，不过相比小欣更慢一些。总体来看，轮滑对球类技能有一定的改善效果，但效果不明显。

表 5 - 27　基线期与维基期球类技能测试数据

	小欣基线期	小欣维基期	小宇基线期	小宇维基期
双手击固定球	4	4.7	3	3.3
正手击抛落球	2	2	2	2
原地单手运球	4	5.3	3	3.3
双手接球	4	4.7	3	2.7
踢固定球	2	2.3	3	3.3
上手投球	2	2	2	2
低手抛球	4	5	3	3.3

轮滑运动并没有涉及球类操控类动作，所以在球类测试中效果并不佳，导致实验结果不能说明轮滑一定对孤独症儿童的球类技能产生积极影响。

3. 基本动作技能前后对比分析

由表 5 - 28 可知，整体上小欣与小宇的基本动作技能分数均呈现增加的情况，但小欣的增加幅度是小宇的 4 倍。通过实验组与对照组的对比可以得出：轮滑对孤独症儿童的基本动作技能有一定的积极影响。

表 5 - 28　基线期与维基期 TGMD-3 总分对比图

	小欣	小宇
基线期	41	38
维基期	61.3	42.7

黄燕春等认为通过早期的运动干预可不同程度地改善孤独症儿童的行为能力，对提高孤独症儿童的基本运动能力、生活自理能力及人际交往能力具有良好影响，生活质量得到较大程度改善。通过家长的反馈可以了解到小欣的生活自理能力和人际交往能力都得到一定的提升。郑尉等研究结果表明，经过科学设计、有针对性的运动干预方案能够有效地提高孤独症儿童的体质水平，体现在灵敏性、速度反应、肌肉力量、柔韧和平衡协调等方面。这也

充分说明了运动干预对孤独症儿童整体体质水平发展和改善的重要性，对改善孤独症儿童的身体形态、机能和素质均能发挥积极的作用。充分证实了轮滑运动对孤独症儿童的基本动作有积极的作用。

（四）轮滑对孤独症儿童基本动作技能能力的影响

由图 5 – 15 可知，小欣与小宇的分数均为上升趋势，表明其大肌肉动作发展水平得到提升。小欣从基线期到介入期结束，总共上升了 20 分，小宇在没有经过任何干预的情况下上升了 8 分，小欣的上升分数是小宇的 2 倍多，即可说明轮滑对孤独症儿童的基本动作技能有促进作用。

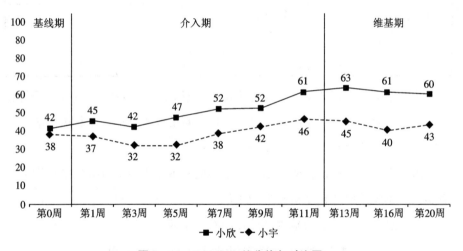

图 5 – 15　TGMD-3 总分趋向对比图

孟杰等的独立样本 t 检验结果表明样本总体、男生和女生的位移技能得分都高于物体控制技能（$P < 0.01$）。同样的，轮滑运动对孤独症儿童的基本动作技能影响中位移技能得分高于球类控制技能得分。

三、结论与建议

（一）结论

轮滑对孤独症儿童的移动技能有显著性效果，跑步、单脚跳、跑跳步、立定跳远和侧滑步都有大幅提高，马步跑略有提升。

轮滑对孤独症儿童的球类技能有一定改善效果，但效果不明显。只有原地单手运球和低手抛球有一定提升，其余 5 项提升不大。

　　轮滑对孤独症儿童的基本动作技能有一定的促进作用，而且经过轮滑干预后该孤独症儿童更愿意进行基本动作的练习。

　　（二）建议

　　轮滑对孤独症儿童移动技能的影响效果非常显著，但由于时间比较简短，不能进一步说明轮滑对其移动技能的效果。适当增加实验周期，循序渐进地进行训练，只有达到一定的程度，才能使量变引起质变。

　　由于轮滑对球类技能的改善效果不明显，可以融合篮球、足球、羽毛球等球类项目内容来对孤独症儿童进行改善。

　　在轮滑活动中，应根据孤独症儿童的特点及发展需要，结合其生活、生存实际，有目的地设计和编排生活化的活动内容，在发展孤独症儿童基本动作技能能力和提高体质的同时发展其基本生活技能，使体育活动与生活紧密联系，提高其生活、生存能力，促进孤独症儿童更加容易融入社会。

参考文献

[1] 吴雪萍. 适应体育概论 [M]. 北京：高等教育出版社，2015.

[2] 董晓晓. 孤独症"行为与脑协同改善"运动干预模式的构建与验证研究 [D]. 扬州：扬州大学，2023.

[3] 王丹丹. 福利院重度智力障碍儿童适应性身体活动健康促进的理论与实践研究 [D]. 上海：上海体育学院，2019.

[4] 孙慧珍. 基于 ICF-CY 自闭症儿童功能评价及其运动干预个案研究 [D]. 苏州：苏州大学，2018.

[5] 李荣源，龚惠兰. 感觉统合训练对孤独症儿童疗效影响的实验研究 [J]. 北京体育大学学报，2008 (2)：190 – 192.

[6] 张志勇，邓淑红. 自闭症儿童体育游戏干预个案研究 [J]. 体育科学，2010 (8)：49 – 56，68.

[7] 王梅. 自主交往训练法在孤独症儿童随班就读教学中的应用 [J]. 中国特殊教育，2007 (6)：64 – 69.

[8] 甄志平，徐丹，李晗冉，等. 孤独症运动干预的研究进展 [J]. 中国预防医学杂志，2020，21 (7)：828 – 835.

[9] 潘红玲，李艳翎，谭慧. 体育游戏对孤独症儿童沟通行为影响的个案研究 [J]. 武汉体育学院学报，2018 (1)：95 – 100.

[10] 朱瑜，许翀，万芹，等. 适应体育运动干预对孤独症谱系障碍儿童视觉工作记忆的影响 [J]. 中国体育科技，2017 (3)：55 – 62.

[11] 贾宁. 论体育教学中的教育性原则之旁落与唤起 [J]. 中国教育学刊，

2021（8）：72 – 76.

［12］周秉睿，徐秀．孤独症谱系障碍及其相关医学问题的药物治疗进展
［J］．中国儿童保健杂志，2012（4）：343 – 346.

［13］李天碧，胡艺萧，宋词，等．孤独症谱系障碍重复刻板行为的测量与
机制［J］．科学通报，2018（15）：1438 – 1451.

［14］邱卓英，李沁燚，陈迪，等．ICF-CY 理论架构、方法、分类体系及其
应用［J］．中国康复理论与实践，2014（1）：1 – 5.

［15］黄珂，王国祥，上淖英，等．基于 ICF 老年人体育活动与功能康复研
究［J］．中国康复理论与实践，2019（11）：1248 – 1254.

［16］张磊，王丹丹，吴雪萍．美国《适应体育教育评估量表（第 2 版）》
的解读及其启示［J］．首都体育学院学报，2019（6）：553 – 559.

［17］杨桃，王国祥，邱卓英，等．脑性瘫痪儿童功能特点分析与个别化康
复策略设计——基于 ICF-CY 理论与方法［J］．中国康复理论与实践，
2017（10）：17 – 22.

［18］金岚，邵子瑜，葛洁，等．1 ~ 2 岁孤独症谱系障碍高危儿系统化家庭
干预研究［J］．中华实用儿科临床杂志，2020（8）：632 – 636.

［19］黄辉，王岐富，陈捷．气质在体育生活方式对幼儿同伴交往能力影响
的中介作用［J］．中国健康心理学杂志，2021，29（12）：1874 –
1878.

［20］黄霭雯，廖华芳，Mats Granlund．发展迟缓幼儿"参与"的概念与干
预［J］．中国康复，2013（6）：416 – 420.

附录1　TGMD-3 评分表

TGMD-3 评分表

受试者：_____　性别：_____　出生日期：____ 年　月　日

测试者：_____　测试地点：_____　测试日期：____ 年　月　日

优势手：_____　优势脚：_____

移动类	测试要求	评分标准	No. 1	No. 2	合计成绩
跑步	相距 15 米的两条线，让孩子从一端快速跑向另一端，第一次评分；孩子返回时，进行第二次评分	1. 胳膊与异侧腿同步运动、肘部弯曲			
		2. 双脚有短暂的同时离地			
		3. 脚前掌或后脚跟着地（非整个足底）			
		4. 非支撑腿弯曲约 90 度、脚接近臀部			
前滑步	相距 7.6 米的两条线，让孩子来回滑步，评分两次	1. 两臂弯曲、向前摆动			
		2. 起滑步迈一步，尾随脚跟一步（后脚于前脚的一侧或稍后方不能在前面）			
		3. 脚前掌或后脚跟着地（非整个足底）			
		4. 四个连续滑步，节奏性模式			
侧滑步	相距 7.6 米的两条线，让孩子来回滑步，评分两次（两侧各一次）。孩子自己决定用哪侧先滑	1. 侧向站立肩与地上直线平行（仅优势侧评分）			
		2. 起滑步迈一步，尾随脚跟一步，两脚有短暂的腾空（仅优势侧评分）			
		3. 优势侧连续 4 次侧滑			
		4. 非优势侧连续 4 次侧滑			

（续表）

移动类	测试要求	评分标准	No. 1	No. 2	合计成绩
跨跳	相距 9.1 米的两条线，让孩子来回跳，评分两次	1. 左右腿交替单脚跳，连续、重心上下有移动			
		2. 胳膊与异侧腿同步运动、肘部弯曲向前摆力提供动力			
		3. 完成 4 次连续交替跳			
立定跳远	让孩子站在起跑线后，尽可能地向远跳，重复一次，评分并记录距离	1. 两膝弯曲同时两臂向后伸展			
		2. 两臂尽力向上摆过头顶			
		3. 两脚离地，同时落地			
		4. 落地时两臂向下落			
单脚跳	让孩子站在起跑线后，让孩子用他的优势腿连续跳 4 次，重复一次	1. 非支撑腿向前摆动产生动力			
		2. 非支撑腿的脚要始终放在支撑腿的侧后方，不能超过身体前侧			
		3. 两臂弯曲向前摆动产生动力			
		4. 用惯用脚连续跳 4 次			
物体操作类	测试要求	评分标准	No. 1	No. 2	合计成绩
肩上投球	网球，距墙 6 米画投掷线，示范后告诉孩子用力向墙扔球，测试两次	1. 一开始先向后挥动手臂			
		2. 臂、肩转动带动投掷面转向非投掷面			
		3. 投掷手相对的异侧肢体向前上步			
		4. 球脱手后手有一个随摆动作、摆到非投掷面的臀部			
下手投球	网球，距墙 6 米画投掷线，示范后告诉孩子用力用下手方式向墙扔球，测试两次	1. 优势手向下向后摆动、摆到躯体后侧			
		2. 两脚前后站立，与扔手球异侧腿上步			
		3. 将球向前扔、球直接打到墙上不能触地			
		4. 扔球后，手有一个随摆动作、至少要摆到胸部			

（续表）

物体操作类	测试要求	评分标准	No.1	No.2	合计成绩
双手接固定球	小皮球，相距4.6米的两条线，下手投球到孩子的胸前区域，告诉孩子用手接球，测试两次，评分两次。只有将球投到孩子的胸前区域，才能给孩子评分	1. 两臂放在身体前方，肘部弯曲			
		2. 两臂向前伸出接球			
		3. 只是用手接住球			
单手拍球	篮球，告诉孩子不要移动脚，单手拍球，连续拍4个后抱住球，测试两次	1. 约在腰际水平用一只手拍球			
		2. 用指尖触球，而不是全手掌触球			
		3. 连续四次拍球，不能移动脚			
单手击打固定球	网球拍，网球。让孩子站在离墙2米的地方，一手握拍，一手持球。孩子自己向地面丢反弹球，球到腰部水平，挥拍对墙击球，球要碰到墙	1. 当球自地面弹起时，球拍后引			
		2. 非优势腿向前上步			
		3 将球击向墙			
		4. 拍子有随摆动作、摆动到非优势肩部水平			
双手挥棒击打固定球	垒球，垒球棒，固定架。把球放在孩子腰部高度的托架上，球棒放在地上，让孩子自己拿起球棒，用力击球，球击向前方	1. 惯用手在上、非惯用手在下			
		2. 非优势手同侧的肩部和髋部朝向击球方向（正前方）			
		3. 转身时髋和肩也同时旋转、挥动过程中髋和肩不能转动			
		4. 非优势脚向前上步			
		5. 将球击向正前方（上方或下方不行）			

物体操作类	测试要求	评分标准	No. 1	No. 2	合计成绩
脚踢固定球	足球。距墙 6.1 米画第一条线，距第一条线 2.4 米画第二条线，将球放在第一条线上，告诉孩子跑向球，向着墙用力踢球。	1. 快速、无停顿地接近球			
		2. 踢球前拉大步幅或是迅速跨跳			
		3. 支撑腿位于球的侧方或后方（脚距球不能太远）			
		4. 用脚背或者是脚的内侧踢球（不能用脚尖踢球）			
				最后得分	

附录2 孤独症儿童执行功能评分量表

本量表用于评定孤独症儿童执行功能情况，量表采用五级计分法，请您在最符合儿童目前水平的选项上画"√"。题目选项没有对错之分，请如实填写，非常感谢您的配合。

0—完全符合：儿童经常表现该功能；1—符合：儿童大多数时间表现该功能；2—部分符合：儿童有时表现出该功能；3—不符合：儿童很少表现出该功能；4—完全不符合：儿童从未表现出该功能。

执行功能	指标	得分				
		0	1	2	3	4
工作记忆	难以记住一些冗长的指令					
	难以记得自己在活动中做过什么					
	有数件事要做，只会记得第一件或最后一件					
	很容易忘记别人要他拿什么东西					
	难以在做着其他事情时不忘之前要牢记的东西					
抑制能力	难以对一些欠缺吸引力的任务坚持到底，除非有人承诺会给予奖励					
	当有些事必须要完成的时候，常常会被其他更吸引的事分了心					
	显然难以去做一些太为沉闷的事					
	难以在不适宜笑的场合忍笑					
	难以抑制他的活跃，尽管早已作出吩咐亦如是					

（续表）

执行功能	指标	得分				
		0	1	2	3	4
认知 灵活性	即使被勒令停止亦难以在活动中立即停下来					
	难以把一些已发生的事情述说得容易明白					
	难以理解用言语表达的指示，除非同时向他示范怎样做					
	难以进行一些需要多个步骤的活动					
	当被问题困扰时，难以想出另一个方法来解答					

附录3 交互式身体活动课程教案（一）

第一周　第1次课　　上课地点：轮滑馆　　上课时间：2021年9月

教学内容	1. 儿童熟悉新场地和教练、观看轮滑视频、体验穿护具和轮滑鞋 2. 学习轮流等待 3. 学习八字站立和原地踏步	
教学目标	1. 引导儿童学会穿戴护具和轮滑鞋 2. 学会轮流等待 3. 能够在垫子上进行最简单的踏步行走	
教学重难点	重点：儿童穿戴护具和轮滑鞋时注意力是否在教练员身上 难点：儿童穿轮滑鞋站立后，能否主动踏步前进	
结构	教学内容	组织教法要求
准备部分 （10min）	1. 语言互动，互相问候（2min） 2. 热身跑（3min） 3. 带领儿童做热身活动（5min）	组织队形 ○ △　△　△　△ 语言互动和热身跑过程中主讲教师和助教通过提示技术（身体辅助示范、指令结合示范、视觉提示）辅助参与者完成语言互动和热身练习，如喊口令"1、2、3、4"帮助参与者有节奏地跑动等
基本部分 （70min）	1. 学习穿戴轮滑护具及轮滑鞋（15min） 2. 参与者学习轮滑基本站立和在垫子上踏步（55min）	由教练员带领各自的儿童到对应位置换轮滑护具和轮滑鞋，穿戴完成后两人一组到对应垫子上练习站立和踏步，参与者轮流进行

（续表）

结束部分 （10min）	1. 肌肉放松，韧带拉伸 2. 点评学员今日表现 3. 师生再见	组织队式 〇 △　△　△
器材	轮滑护具和轮滑鞋、轮胎、瑜伽垫	
安全注意事项	1. 课前检查场地，教练员提前十分钟到场布置好场地 2. 主教和助教要时刻注意儿童的表情和行为，给予必要的帮助	
小结		

附录4　交互式身体活动课程教案（二）

训练目标

1. 学习和巩固掌推轮胎，锻炼儿童的上肢、身体的协调性，双手、双脚的灵活性、力量。

2. 儿童能够积极参与交互式身体活动，体验游戏的快乐。

3. 加强儿童每轮比赛为他人加油、邀请别人参加游戏、夸赞别人和回应别人夸赞的社交能力，将社交能力好的小朋友安排在其中，增加其他儿童与他的社交互动。

准备部分

器材：轮滑场地、垫子、音乐、轮胎、五颜六色的轮滑桩。

活动过程

一、热身部分

1. 集合，师生相互问好。

2. 穿好护具和轮滑鞋在轮滑馆慢滑3圈，然后双脚踏步走两圈。

3. 徒手操：头部运动，颈部运动，肩关节运动，腰部运动，膝关节运动（2×8拍）。

二、基本部分

1. 孤独症儿童进行原地高抬腿踏步练习（双脚活动）进入活动状态。（5min）

2. 尝试捡桩练习；对于能力弱的儿童要给予更多的帮助、提醒和更多的一对一教学，对于能力弱的儿童要进行多次示范，增加桩的数量和颜色来增加游戏的时间，可以进一步激发儿童对活动参与的积极性。

3. 中途休息。（5~10min）

4. 轮流进行穿越轮胎迷宫游戏。

游戏中，给予参与游戏的儿童表扬与鼓励，参与游戏的儿童回应表扬与鼓励。

游戏后，和别的幼儿分享自己的成绩（发起和回应共同注意）。

整个游戏过程中，儿童在穿越轮胎迷宫时可以设置一些非预设性的障碍（如有两个路口老师上去把路口拦住、突然打开轮胎增加路口、在路口上设置一点障碍）引导儿童表达"老师你挡住我了，请让开""老师请帮我把这个障碍物拿走"。这些非预设动态社交互动能够对他们的随机应变能力起到一个很好的锻炼，使训练的有效性得到进一步提升。

三、结束部分

集合整队，课后总结，下课。

四、课后总结

对于不同能力阶段的儿童，我们采用的教学方式也要因材施教。帮助和提示的次数减少、一对一的教学时间逐渐减少和增加游戏的难度适用于能力强的小朋友；帮助和提示的次数增加（多次进行示范和辅助儿童完成）、给予一对一指导和减小游戏的难度适用于能力弱的小朋友。

附录 5   交互式身体活动社交技能具体行为关系对应表

	子功能	指标	具体行为
社交技能	社会趋向	能注意到他人的肢体动作或手势	能够注意到他人的声音
		对他人的声音有反应	
		能注意到周围他人的活动	
		能引导他人注意	
	社会认知	能辨认常见的肢体动作或手势	听懂游戏规则
		能读懂他人肢体动作或手势所表达的含义	
		能理解简单的游戏规则或活动规则	
		能听懂日常生活中的大多数指令	
	社会沟通	能邀请他人加入自己的活动或游戏中	能正确回应别人
		能以恰当的方式回应他人	
		能表达情感	
		能赞美他人	
	社会参与	愿意参与他人的游戏或活动	与其他儿童共同参与游戏
		能参与集体活动	
		能参与游戏活动	
		能参与自由活动	
	自我调控	当要求没被满足时能不发脾气	发脾气
		能够遵守简单的游戏或活动规则	
		在游戏或对话中能等待	
		在游戏或对话中能轮流	

附录6　孤独症儿童社交技能评定量表

本评定量表针对4～6岁孤独症儿童的社会技能进行评定。请您根据平时对孤独症儿童在不同环境的观察和了解进行勾选，请仔细考虑每一个选项。研究承诺，评定结果仅用于此研究。

一、基本信息

儿童姓名：　　　　儿童性别：　　　　儿童年龄：

填写人：　　　　　在读学校：

学校类型：（1）特殊教育学校（2）随班就读（3）康复机构

医院诊断结果：

二、本量表采用五级计分法，每级计分标准如下：

0—从未：儿童从来没有表现出该技能；

1—偶尔：儿童几乎没有（零星一两次）表现出该技能；其日常生活中很少看到该技能；

2—有时：儿童有时表现出该技能；

3—常常：儿童大多数时间表现出该技能；

4—总是：儿童在多种场合、多种环境中持续表现出该技能；

请您依据平时对孤独症儿童在不同环境的观察和了解，在最符合儿童目前水平的选项上画"√"。

编号	题目	选项				
一、社会趋向						
1	能注意到他人的肢体动作或手势（如有人向他招手时，能看招手的动作）	0	1	2	3	4
2	能注意他人的眼神（如有人在面前时，会自然抬头看他人眼睛）	0	1	2	3	4

（续表）

编号	题目	选项				
3	能注意到他人的面部表情（如有人在面前时，会自然抬头看他人面部表情）	0	1	2	3	4
4	对他人的声音有反应（如有人在旁边说话或叫自己名字时，会寻找声源）	0	1	2	3	4
5	当他人在说话时，能去倾听	0	1	2	3	4
6	能注意到周围他人的活动	0	1	2	3	4
7	能注意到社交情景中的主要信息和次要信息（如看到2个小朋友在玩时，注意到的主要信息是小朋友玩的活动，而不是小朋友衣服的颜色）	0	1	2	3	4
8	能引导他人注意（如看到有趣或好玩的东西时，会用手指给别人看）	0	1	2	3	4
9	能跟随他人注意（如看东西时，能往手指的方向看）	0	1	2	3	4
10	能同时注意到他人的口语与非口语信息（如听他人说话时，眼睛也看着他）	0	1	2	3	4
二、社会认知						
11	能辨认常见的肢体动作或手势	0	1	2	3	4
12	能识别高兴、不高兴的面部表情	0	1	2	3	4
13	能识别生气、害怕的面部表情	0	1	2	3	4
14	能读懂他人肢体动作或手势所表达的含义（如点头表示同意，摇头表示拒绝或不同意，伸手表示要，他人站起来表示离开）	0	1	2	3	4
15	能读懂他人眼神所表达的含义（从他人眼神看出他人是高兴还是生气了）	0	1	2	3	4
16	能理解引起情绪的原因（如理解他人为什么高兴、生气等）	0	1	2	3	4
17	能读懂他人音量变化所表达的意义（如老师大声说话，表示老师生气了；老师强调某句话，表示提醒他注意）	0	1	2	3	4

（续表）

编号	题目	选项				
18	能理解他人的语调不同，其传达出的情绪信息也不同	0	1	2	3	4
19	能理解简单的游戏规则或活动规则	0	1	2	3	4
20	能听懂日常生活中的大多数指令	0	1	2	3	4
三、社会沟通						
21	当遇到困难时，能以恰当的方式寻求别人的帮助（如用祈求的眼神看着他人或指着某个东西要求帮忙或用语言表达帮帮我，而不是哭闹等异常行为）	0	1	2	3	4
22	能向他人提供帮助	0	1	2	3	4
23	能主动向他人打招呼（无需提示，独立完成）	0	1	2	3	4
24	能介绍自己和他人（如我叫……，这是王老师）	0	1	2	3	4
25	能分享（如与同伴分享玩具、分享自己的兴趣）	0	1	2	3	4
26	能提问以获取信息（为了解信息，会问他人是谁、在干什么、在哪里、为什么等问题）	0	1	2	3	4
27	能邀请他人加入自己的活动或游戏中	0	1	2	3	4
28	能以恰当的方式回应他人（如以手势、面部表情、眼神或口语等方式回应他人打招呼、邀请或问题，而不是哭闹等异常行为反应）	0	1	2	3	4
29	能对自己或同伴的活动发表看法（如我搭的积木很高，你搭的矮）	0	1	2	3	4
30	当别人伤心或受伤害时，能安慰他人（如说别哭了或给予拥抱）	0	1	2	3	4
31	能表达情感（指表达高兴、喜欢、不喜欢、害怕等，如我很高兴）	0	1	2	3	4
32	能赞美他人	0	1	2	3	4

（续表）

编号	题目	选项				
四、社会参与						
33	愿意参与他人的游戏或活动	0	1	2	3	4
34	能参与一对一的互动	0	1	2	3	4
35	能参与一对二的互动	0	1	2	3	4
36	能参与小组的互动（3人以上的活动）	0	1	2	3	4
37	能参与集体活动（如全班的教学活动）	0	1	2	3	4
38	能参与游戏活动	0	1	2	3	4
39	能参与点餐时间的活动（如点心时间或午餐时间）	0	1	2	3	4
40	能参与结构性的教学活动（如音乐课、美术课等）	0	1	2	3	4
41	能参与自由活动（如在课间或自由游戏中能参与到他人的活动中）	0	1	2	3	4
五、自我调控						
42	当要求没被满足时能不发脾气	0	1	2	3	4
43	当与他人意见不一致时，能妥协	0	1	2	3	4
44	能约束自己的行为（如上课不讲话、不乱跑、听从老师安排）	0	1	2	3	4
45	能够遵守简单的游戏或活动规则	0	1	2	3	4
46	当常规活动突然改变时，能接受	0	1	2	3	4
47	在游戏或对话中能等待（如老师要求其等一会才给予玩的东西，能等待）	0	1	2	3	4
48	在游戏或对话中能轮流	0	1	2	3	4
49	能经过他人允许后，才行动（如上课时，能经过老师允许后才离开座位，而不是自己突然站起来乱跑）	0	1	2	3	4

附录 7　社交技能观察记录表

研究阶段：

观察者：

日期 目标行为	社会趋向 能够注意到 他人的声音	社会认知 听懂游戏 规则	社会沟通 能正确回应 别人	社会参与 与其他儿童共 同参与游戏	自我调控 发脾气
月　　日					
月　　日					
月　　日					
月　　日					
月　　日					
月　　日					
月　　日					
月　　日					
月　　日					

观察阶段对被试目标行为的描述：

附录8 ICF-CY 综合功能问卷（部分）

身体功能 = 身体各系统的生理功能（包括心理功能）损伤程度	无损伤	轻度损伤	中度损伤	重度损伤	完全损伤	未特指	不适用
b114　　　　定向功能	0	1	2	3	4	8	9
知道并确认与自我、他人、时间及周围环境关系的一般精神功能							
包括：时间定向、方向定位和人物定向功能；自我定向和他人定向功能；时间方位和人物定向障碍							
不包括：意识功能（b110）；注意力功能（b140）；记忆功能（b144）							
资料来源： 口病史　　　　口访谈　　　　口问卷调查　　　　口临床检查							
问题描述：							
b117　　　　智力能力	0	1	2	3	4	8	9
要求能理解并与包括所有认知功能及其终生发展在内的各种精神功能构建地结合起来的一般精神功能							
包括：智力发育功能——智力障碍，弱智，痴呆							
不包括：记忆功能（b114）；思维功能（b160）；基本认知功能（b163）；高水平认知功能（b164）							
资料来源： 口病史　　　　口访谈　　　　口问卷调查　　　　口临床检查							
问题描述：							

（续表）

活动的参与 = 个体执行一项任务或行动以投入生活环境中：P = 表现；C = 能力			没有困难	轻度困难	中度困难	重度困难	完全困难	未特指	不适用
d110	看	P	0	1	2	3	4	8	9
		C	0	1	2	3	4	8	9
运用视觉有意去体验视觉刺激，如观看一场体育比赛或儿童游戏 资料来源： 口病史　　　　　　口访谈　　　　　口问卷调查　　　　　口临床检查 问题描述：									
d115	听	P	0	1	2	3	4	8	9
		C	0	1	2	3	4	8	9
运用听觉有意去体验听觉刺激，如听收音机、音乐或演讲 资料来源： 口病史　　　　　　口访谈　　　　　口问卷调查　　　　　口临床检查 问题描述：									
d130	基本学习中的模仿	P	0	1	2	3	4	8	9
		C	0	1	2	3	4	8	9
作为学习基本成分的仿效或模仿，如模仿一种姿势、声音或抄写字母表的字母 资料来源： 口病史　　　　　　口访谈　　　　　口问卷调查　　　　　口临床检查 问题描述：									
d160	集中注意力	P	0	1	2	3	4	8	9
		C	0	1	2	3	4	8	9

（续表）

<table>
<tr><td colspan="2">有目的地集中注意力于特殊的刺激上，如过滤掉让人分心的噪声</td></tr>
<tr><td colspan="2">资料来源：
口病史　　　　　口访谈　　　　　口问卷调查　　　　　口临床检查</td></tr>
<tr><td colspan="2">问题描述：</td></tr>
<tr><td colspan="2"></td></tr>
</table>

环境因素 = 身体各系统生理功能（包括心理功能）的损伤程度		完全有利	充分有利	中等有利	轻度有利	没有障碍	轻度障碍	中度障碍	重度障碍	完全障碍	未特指	不适用
e115	个人日常生活用的用品和技术	+4	+3	+2	+1	0	1	2	3	4	8	9

<table>
<tr><td>人们日常活动中使用的设备、用品和技术，包括那些适应性或特殊设计的，放在使用者体内、身上或附近的物品</td></tr>
<tr><td>包括：供个人使用的普通和辅助用品及技术</td></tr>
<tr><td>资料来源：
口病史　　　　　口访谈　　　　　口问卷调查　　　　　口临床检查</td></tr>
<tr><td>问题描述：</td></tr>
<tr><td></td></tr>
</table>

e125	通信用的用品和技术	+4	+3	+2	+1	0	1	2	3	4	8	9

<table>
<tr><td>人们在发送和接收信息活动中使用的设备、用品和技术，包括那些适应性或特殊设计的，放在使用者体内、身上或附近的物品</td></tr>
<tr><td>包括：用于通信的普通和辅助用品及技术</td></tr>
<tr><td>资料来源：
口病史　　　　　口访谈　　　　　口问卷调查　　　　　口临床检查</td></tr>
<tr><td>问题描述：</td></tr>
<tr><td></td></tr>
</table>

（续表）

e130	教育用的用品和技术	+4	+3	+2	+1	0	1	2	3	4	8	9
用于获得知识、专门经验或技能的设备、用品、程序、方法和技术，包括那些适应性或特殊设计的，放在使用者体内、身上或附近的物品											

包括：用于教育的普通和辅助用品及技术

资料来源：

口病史　　　　　　　口访谈　　　　　　口问卷调查　　　　　　口临床检查

问题描述：

附录9　家长知情同意书

"孤独症儿童健康促进研究——基于适应性体育活动设计"
课题及实验说明

尊敬的家长：

　　您好！

　　本研究"孤独症儿童健康促进研究——基于适应性体育活动设计"主要从孤独症儿童的功能和活动参与特点出发，设计孤独症儿童轮滑运动干预方案，提出孤独症儿童的健康促进策略，为临床和教育工作者提供参考。

　　由于课题研究需要，现拟定实验干预时间为2019年3月至2022年6月，针对孩子的身体功能和活动参与特征进行适应性体育活动实验设计，研究过程中我们将确保您孩子的安全，不会对孩子身体产生任何不良影响，并为孩子的安全负全部责任。

　　向您郑重承诺：在研究过程中所涉及孩子的个人信息及相关数据，仅作为科学研究使用，且会对个人信息进行技术处理。如果您已经认真阅读并且理解上述内容，同意您的孩子参与到我们的研究中，请您在下方签名确定。

　　我已经阅读并且理解了上述内容，同意孩子＿＿＿＿＿＿＿＿（孩子的姓名）参与研究。

家长姓名：＿＿＿＿＿＿＿＿

＿＿＿＿年＿＿＿月＿＿＿日

附录 10 《学龄孤独症儿童教育评估指南》情绪调控领域测试条目

条目 19 当学生自己出现负面情绪时，在他人安慰后能平静下来

19.1 悲伤

目的：

☆ 考察当学生出现悲伤情绪时，能否在他人的安慰后平静下来。

要求：

△ 当学生出现悲伤情绪时，学生能够觉察到他人对自己的安慰言辞和举动，从而情绪能够平复。

标准：

○ 通过：独立完成该条目全部内容且表现稳定。

○ 部分通过：在提示下，完成该条目内容；或不能持续稳定表现该条目内容。

○ 无法通过：即使在提示下，也无法完成该条目内容。

19.2 生气、愤怒

目的：

☆ 考察当学生出现生气、愤怒的情绪时，能否在他人的安慰后平静下来。

要求：

△ 当学生出现生气和愤怒时，学生能够觉察到他人对自己的安慰言辞和举动，从而情绪能够平复。

标准：

○ 通过：独立完成该条目全部内容且表现稳定。

○ 部分通过：在提示下，完成该条目内容；或不能持续稳定表现该条目内容。

○ 无法通过：即使在提示下，也无法完成该条目内容。

19.3 焦虑

目的：

☆ 考察当学生出现焦虑的情绪时，能否在他人的安慰后平静下来。

要求：

△ 当学生出现焦虑情绪时，学生能够觉察到他人对自己的安慰言辞和举动，从而情绪能够平复。

标准：

○ 通过：独立完成该条目全部内容且表现稳定。

○ 部分通过：在提示下，完成该条目内容；或不能持续稳定表现该条目内容。

○ 无法通过：即使在提示下，也无法完成该条目内容。

19.4 害怕

目的：

☆ 考察当学生出现害怕的情绪时，能否在他人的安慰后平静下来。

要求：

△ 当学生出现害怕的情绪时，学生能够觉察到他人对自己的安慰言辞和举动，从而情绪能够平复。

标准：

○ 通过：独立完成该条目全部内容且表现稳定。

○ 部分通过：在提示下，完成该条目内容；或不能持续稳定表现该条目内容。

○ 无法通过：即使在提示下，也无法完成该条目内容。

条目20 意识到自己的过激情绪并控制，保持情绪的稳定

目的：

☆ 考察学生是否能够意识到自己过激的情绪并控制。

要求：

△ 当学生情绪波动时，学生能够觉察到自己过激的情绪状态，知道怎样宽慰自己，怎样实行自我调节，能够控制好情绪，使自己渐渐平静下来。

保持情绪稳定。

标准：

○ 通过：独立完成该条目全部内容且表现稳定。

○ 部分通过：在提示下，完成该条目内容；或不能持续稳定表现该条目内容。

○ 无法通过：即使在提示下，也无法完成该条目内容。

条目 21　能接受并恰当应对挫折

目的：

☆ 考察学生是否能够接受挫折并恰当应对。

要求：

△ 当学生遇到挫折时，学生能够态度积极，淡定从容地面对，不哭不闹，用积极的态度对待，不会出现情绪波动。

标准：

○ 通过：独立完成该条目全部内容且表现稳定。

○ 部分通过：在提示下，完成该条目内容，或不能持续稳定表现该条目内容。

○ 无法通过：即使在提示下，也无法完成该条目内容。

条目 22　受到打扰时能保持稳定的情绪

目的：

☆ 考察学生是否能够在受到打扰时保持稳定的情绪。

要求：

△ 当学生受到打扰时，学生能够淡定从容地面对。不哭不闹，保持稳定的情绪，继续做手头的事。

标准：

○ 通过：独立完成该条目全部内容且表现稳定。

○ 部分通过：在提示下，完成该条目内容，或不能持续稳定表现该条目内容。

○ 无法通过：即使在提示下，也无法完成该条目内容。

条目 23　能够处理自己的情绪表现，使之符合社会准则和人情习惯

目的：

☆ 考察学生是否能够恰当地处理自己的情绪表现，使之符合社会规则和人情习惯。

要求：

△ 当学生出现情绪问题时能够注意时间和场合。遵循社会规则和人情习惯，适当地处理自己的情绪，不在公共场合大声哭闹喊叫，不影响他人。

标准：

○ 通过：独立完成该条目全部内容且表现稳定。

○ 部分通过：在提示下，完成该条目内容，或不能持续稳定表现该条目内容。

○ 无法通过：即使在提示下，也无法完成该条目内容。

附录 11　孤独症儿童强化物调查表

学生名字：　　　　　　性别：　　　　　　填表者与学生关系：

1. 喜欢吃的食物：	1. 不喜欢吃的食物：
2. 喜欢喝的饮料：	2. 不喜欢喝的饮料：
3. 喜欢玩的玩具：	3. 不喜欢玩的玩具：
4. 喜欢做的活动：	4. 不喜欢做的活动：
5. 喜欢学的课程：	5. 不喜欢学的课程：
6. 喜欢在学校里和谁玩：	6. 不喜欢在学校里和谁玩：
7. 喜欢老师口头表扬他（她）什么：	7. 不喜欢老师说他（她）什么：
8. 喜欢得到什么样的肢体接触：	8. 不喜欢得到什么样的肢体接触：

请列出最喜欢的三样强化物：

后 记

本研究主要从孤独症儿童健康出发，探寻适应性体育对孤独症儿童健康的促进。首先，从孤独症儿童体育干预方法入手，探究了孤独症儿童体育干预原则、孤独症儿童体育干预研究常用方法以及如何设计孤独症儿童体育干预实验方案；其次，通过对轮滑运动项目的熟知，设计了适应性轮滑课程，并将其使用到孤独症儿童社会适应能力研究中，重点探究了适应性轮滑对孤独症儿童情绪调节能力、孤独症儿童主动沟通行为能力以及适应性轮滑对孤独症儿童静态平衡能力等方面的作用；再次，设计了适应性篮球课程，主要分析适应性篮球对孤独症儿童沟通行为影响以及对孤独症儿童刻板行为的影响；最后，设计了交互式身体活动，并将其运用到对孤独症儿童健康促进中，主要探究交互式身体活动对孤独症儿童社交技能影响以及交互式身体活动对孤独症儿童执行功能影响。

纵观整体，研究适应性体育运动对孤独症儿童积极影响的干预机制主要可以从生理和心理两个角度出发：

其一，从生理学角度出发。适应性体育运动干预，可以帮助孤独症儿童保持体重，促进其骨骼健康，增加其心血管容量，预防各种慢性疾病。同时，适应性体育运动对身体体态等方面要求不同于其他运动项目，适应性体育运动特有的运动功能属性可以提高孤独症儿童动作的控制能力、平衡能力及协调能力，增强人体本体觉和前庭觉的反馈，进而更多地要求额叶皮质独立的认知处理，增强患儿的前额叶神经功能，使孤独症儿童达到更高层次的动态稳定水平，大脑能够稳定地接收和处理信息。此外，目前的大多数证据表明，患有孤独症的儿童或青少年身体活动还远远达不到身体活动指南要求，而根据等时替代效益，伴随着适应性体育运动干预等时替代孤独症儿童其他行为时间的增加（如久坐行为），孤独症儿童的身体功能水平也会缓慢提升，从而获得额外的健康益处，进而影响孤独症儿童的身体功能和活动与参与。

其二，从心理学角度出发。社会认知理论认为，儿童的行为方式多是通过对榜样的模仿而习得。在儿童早期的社会化发展过程中，体育活动场地是其主要社会活动场所之一，参与运动项目能够为其提供和创造更多发展社会能力的机会。因此，参与适应性体育运动能够为孤独症儿童提供和创造更多发展社会功能的机会，让孤独症儿童拥有更多直接与他人进行接触和与他人互动的机会，从而对其他问题产生高度积极的影响。同时，先前的研究表明，达到推荐的体力活动水平的个体通常表现出较少的情绪问题，并可以显著提升孤独症儿童的执行功能，即参与行动计划和抑制不良行为的心理能力。而在此次干预中，对孤独症儿童的干预强度维持到中高强度（3.0～3.9 MET，RPE 12～13 级，64%～76% 最大心率），达到了推荐的体力活动水平。因此，通过对孤独症儿童进行适应性体育运动干预，可能会对其社会、情感和行为领域的发展产生显著的长期影响，而不仅仅是获得运动能力。

虽说，适应性体育运动对孤独症儿童具有较强的积极影响，但也存在一定的不足：

第一，对孤独症儿童进行适应性体育干预需要注意以下问题：首先，为孤独症儿童进行适应性体育干预设计，应严格根据孤独症儿童的身体功能特点和活动参与情况进行干预设计，活动内容、活动量、活动步骤和难度也应根据个体特征进行调整。其次，干预者在对孤独症儿童进行适应性体育干预教学活动时，应注意在整个教学过程中都是以游戏化的形式引发孤独症儿童的兴趣，在实施活动前，应与孤独症儿童先近距离接触了解一段时间，建立一定的感情基础和信任关系，为干预的顺利进行提供一个相对有安全感的环境。再次，干预过程中干预者应选择孤独症儿童能够理解的语言方式进行说明，才能更好地促进孤独症儿童的活动参与度和干预的完成度，例如指令性语言要做到精炼、简洁而易懂，或采用肢体语言进行沟通和交流。最后，安全第一要贯穿孤独症儿童适应性体育干预活动的全过程，需要干预者在干预过程中时刻注意做好安全防范工作，树立安全第一的观念，避免出现运动损伤。此外，孤独症儿童在环境因素上获得了一定的支持，但这些支持还远远不足以克服孤独症儿童身体功能受损、活动与参与限制所带来的不便，因此，现阶段迫切需要构建孤独症儿童全面发展的综合支持系统。

第二，初步研究结果显示，以适应性体育为载体的干预方案能有效改善孤独症儿童的身体功能障碍和活动参与障碍，与此前有关体育活动与孤独症儿童身体功能障碍和活动参与障碍研究报告相一致。针对孤独症患者的运动干预证据有限，现有关于如何最佳干预的证据也很薄弱。我们的工作旨在通过扩大我们对孤独症儿童可能喜欢的活动种类的了解，为他们的体育活动干预提供信息。而对于孤独症儿童而言，早期身体功能和活动参与的改变便代表了干预的可行性。因此，这项研究代表了一个可行和可接受的运动干预实施方案，为扩大孤独症儿童体育活动种类进行了补充。但同时，我们的发现应该考虑到研究的局限性。首先，在本研究中，由于无法获得孤独症儿童的相关医疗记录和信息，且受试者和父母可能无法完全回答相关问题，对受试者评估主要是通过访谈、观察和相关测试获得相关数据，因此会具有使用者自身的主观性，可能会导致对部分类别的偏见。其次，虽然适应性体育对孤独症儿童干预取得了一定的成效，但其干预效果的维持期限还存在疑惑；同时，孤独症儿童部分功能编码未达到明显的改善效果，也可能与干预时长有关，因此在后续的研究中可能需要进行更长的干预时长以及追踪调查。最后，个案研究作为提供有用范畴的一种初步研究方法，可以深化我们对研究的认识，但个案研究不能提供方法论上合理的关于一般性质的结论，且受试者主要来自一个地区，限制了干预实施跨文化比较和地区之间的泛化，因此在后续的研究中还需要不断扩展和整合相关个案，为临床和教育实践者提供参考。